Horst Heinrich Herr
OMAs SPRÜCHE
und die PISA-STUDIE

Horst Heinrich Herr

OMAs SPRÜCHE und die PISA-STUDIE

Erziehung gestern, heute und morgen

edition fischer
im
R. G. Fischer Verlag

Bibliografische Information Der Deutschen Bibliothek
Die Deutsche Bibliothek verzeichnet diese Publikation in der
Deutschen Nationalbibliografie; detaillierte bibliografische
Daten sind im Internet über http://dnb.ddb.de abrufbar

© 2004 by R.G.Fischer Verlag
Orber Str. 30, D-60386 Frankfurt/Main
Alle Rechte vorbehalten
Schriftart: Times 11°
Herstellung: M. Hashemzadeh / NL
Printed in Germany
ISBN 3-8301-0595-9

Inhalt

Vorwort 7

OMA 9

OMAs Sprüche, Weisheiten und Redewendungen 15

Zielsetzung und Weg 35

Legitimation und Bestandsaufnahme 37

Damals 43

Jetzt 71

Die PISA-STUDIE 95

In Zukunft 101

... und nochmals OMA 123

Verwendete Literatur 125

Vorwort

Beim Schreiben dieses Buches hat sich mir vor allem eine der vielen Redewendungen meiner Großmutter (OMA) verdeutlicht: »Es ist leichter gesagt als getan.« Mit dieser Feststellung möchte ich zum Ausdruck bringen, dass auch ich nicht immer nach meinen heutigen Erfahrungen und Erkenntnissen gehandelt habe, sei es bei der Erziehung meiner eigenen Kinder oder bei anderen Menschen, für deren Erziehung ich mitverantwortlich war. Dies ist mir bewusst geworden.

Es liegt in der Natur der Sache, dass Evolutionen umso deutlicher empfunden werden, je weiter die Betrachtungszeiträume auseinander liegen. Wenn also beispielsweise ein bereits ausgewachsener Mensch in zehn Jahren eine Gewichtszunahme von fünfzig Kilogramm zu verzeichnen hat, dann wird dies von Stunde zu Stunde mit einem guten halben Gramm zu Buche schlagen. Bei dieser Betrachtungsweise wird man kaum geneigt sein, sofort Gegenmaßnahmen zu ergreifen, eher wird das Problem unter den Teppich gekehrt. So ist er nun mal in der Regel – der Mensch! Vergleicht man jedoch die Verhältnisse am Anfang mit denen am Ende des gesamten Betrachtungszeitraumes, kommt man kaum um eine entsprechende Reaktion herum. Auch beim Betrachten des Bereiches Bildung und Erziehung sollten die Betrachtungszeiträume nicht zu dicht aneinander liegen. Ich denke, dass ein Abstand von fünfzig Jahren sehr gut geeignet ist, die Entwicklungen zu verdeutlichen.

Die in diesem Buch angesprochenen Sachverhalte werden in der Regel von Bildungs- und Erziehungstheoretikern auf einer recht hohen Ebene abgehandelt, für den Normalbürger oft unverständlich. Wenn sich aber an unserer Bildungsmisere noch etwas ändern soll, kommt es auf die Mitwirkung aller an. Dazu ist es erforderlich, dass auch alle Bürgerinnen und Bürger den richtigen Draht zu unseren bildungs- und erziehungspolitischen Problemen haben. Vielfach ist dies nicht mehr der Fall, und ich glaube, dass diesem Übel am besten mit einfachen Worten und unmittelbar einleuchtenden Regeln, ganz nah an den Herzen der Menschen, beizukommen ist. Ich hoffe, dass ich mit diesem Buch einen Beitrag dazu liefern kann.

Horst Heinrich Herr

Für
Gundel

Katja
Christina

Kevin
Kira
Mats

OMA …

»Niemand kann etwas mitnehmen,
wir können aber alle etwas hier lassen«

Diese Weisheit hat mir meine Großmutter mit auf den Weg gegeben. Genauer gesagt: die Großmutter, die noch lebte, als ich ein kleiner Junge war. Das Schöne daran war, dass meine OMA ihre Weisheiten und Sprüche auch immer erklärt hat, was aber sehr oft erbeten werden musste.

In dieser Zeit war ich zwar zurückhaltend und schüchtern, ich glaube aber, dass ich nicht dumm war, und ich konnte hartnäckig sein! Diese beiden zuletzt genannten Eigenschaften haben natürlich sehr gut dazu beigetragen, dass mir meine OMA – wenn sie mal wieder spontan einen Spruch in den Raum stellte – diesen Spruch erklärte und ich den Sinn auch meist verstanden habe. Da habe ich einfach nicht locker gelassen. Dass das mit dem Verstehen gut funktionierte, lässt sich am eingangs zitierten Spruch leicht nachvollziehen, denn wer könnte nicht verstehen, dass man als Toter nichts mitnehmen kann. Mit dem Hierlassen war dies allerdings schon etwas schwieriger. In diesem speziellen Fall habe ich mich damit zufrieden gegeben, dass mich meine Eltern später – wenn sie einmal sterben würden – hier lassen müssten, obgleich mich der Gedanke an den Tod meiner Eltern sehr traurig stimmte. Mit ihren Erklärungen und trivialen Beispielen gelang es meiner OMA in aller Regel, mich zufrieden zu stellen.

Heute bin ich der Meinung, dass es für meine OMA von Herzen ein Bedürfnis war, meine Neugierde zu befriedigen. Allerdings glaube ich im Nachhinein, dass sie dies auch deswegen so gründlich getan hat, weil sie wusste, dass, je nach Tiefgang der Erklärung, von mir mehr oder weniger große Zeiträume zum Reflektieren und Nachdenken über den Sachverhalt benötigt wurden. So konnte der kleine »Quälgeist« doch für eine Weile ruhig gestellt werden. Nie wäre ich aber damals auf den Gedanken gekommen, dass mich meine OMA abwimmeln würde. Jederzeit hatte sie ein offenes Ohr für mich.

Meist war es in den Gesprächsphasen so, dass meine Mutter und manchmal auch meine Schwester involviert waren. Dies war mir aber in der Regel nicht recht, denn ich spürte, dass dabei die Nähe zu meiner OMA litt. Was zu dieser Zeit niemand der Beteiligten wusste oder gar bewertet hätte: Ich habe durch diesen Bezug auf einen mich liebenden Menschen meine Konzentrationsfähigkeit enorm geschult. Dabei konnte ich die mir entgegengebrachte Liebe auch stets erwidern. Mir wurden diese Zusammenhänge erst sehr viel später in meinem Leben klar, und wenn ich heute darüber nachdenke, so erkenne ich die große Bedeutung dieser Nähe, also den zeitweise ausschließlichen Bezug zu einer Person. Gerechterweise muss ich sagen, dass außer meiner OMA auch meine Mutter sehr oft diese Rolle übernommen hat. Meine OMA hatte jedoch den »Vorteil«, dass sie nicht mehr so mitten im Leben stand, die meisten Alltagsprobleme hatte sie also bereits hinter sich gelassen. Sie konnte sich somit voll und ganz auf mich konzentrieren und ich mich auf sie und auf unsere gemeinsamen Themen.

Diese Themen waren oft mitten aus dem Leben gegriffen und auch meist recht einfacher Natur. Dazu muss ich sagen, dass alle meine weiblichen Vorfahren ohne Berufsausbildung und alle männlichen Vorfahren Handwerker waren. So war mein Vater ein Schreiner, der eine Großvater ein Schneider, der andere war ein Schmiedemeister und hat nebenbei eine kleine Landwirtschaft betrieben. Letzterer war mit OMA verheiratet, und so kann man sich vorstellen, dass sie während ihrer »aktiven« Zeit nicht nur Hausfrau und Mutter gewesen ist. Aus vielen Erzählungen meiner Mutter weiß ich, dass sich meine OMA bereitwillig der Dominanz ihres Mannes unterordnete. Ruhe und Friede waren ihr wichtig, und Emanzipation war für sie ein Fremdwort, der damaligen Zeit entsprechend. Ihr Betätigungsfeld war zwar sehr groß, doch dessen Bestandteile meist elementarer Art. Arbeit war bei ihr stets weit mehr als das halbe Leben.

Sie hat – wie ich schon sagte – nie einen Beruf erlernt, denn mit vierzehn Jahren musste sie als ältestes von dreizehn Kindern als Arbeiterin in der Fabrik zum Lebensunterhalt der Familie beitragen. Mit anderen Worten: Meine OMA hatte zwar keine große Schulbildung, ihr Herz war aber immer weit offen, und sie hat mich weit hineinsehen lassen. Dass unsere Gespräche also meist alltäglicher Art waren, lässt sich somit nachvollziehen. Dass sie auch in hessischer Mundart geführt wurden, habe ich als Kind nicht anders gekannt. Dies hat mich somit nicht weiter verwundert. So lassen sich wenigstens auch meine in der Kindheit vorhandenen Probleme in der Rechtschreibung erklären, mittlerweile sind sie aber weitestgehend überwunden.

Nochmals möchte ich auf die eingangs erwähnte Weisheit zurückkommen. Dabei kann ich feststellen, dass meine OMA wirklich nichts mitgenommen hat, wenigstens nicht in materieller Hinsicht. Hier gelassen hat sie jedoch einiges. In erster Linie wären da ihre drei Töchter zu nennen, wenn auch diese mittlerweile nicht mehr »hier« sind. Von ihren sechs Enkeln ist auch bereits einer nicht mehr hier, und wir wissen nur zu gut, wie es weitergehen wird. In diesen »Fortgang« schließe ich natürlich auch mich, ja auch bereits die zwölf Urenkel und neunzehn Ururenkel meiner OMA ein. Viele ihrer Handarbeiten hat sie auch hier gelassen, wobei diese meist praktischer Natur gewesen sind. Vor allem denke ich dabei an die zahlreichen Strickstrümpfe, deren Fersen immer als Meisterwerke gelobt wurden. Die von ihr produzierten Pullover waren oft mit schönen Mustern versehen, meist quer über die Brust. Ich kann mich auch noch sehr gut an ein Stirnband erinnern, es war dunkelblau. Dieses Stirnband hat meiner OMA sicher nicht mehr als zwei Stunden Arbeitszeit abverlangt. Irgendwann, als ich aus der Schule nach Hause gekommen bin, hat sie in ihrem Sessel gesessen und hatte es auf ihrem Kopf sitzen. Sie hat sich dabei schelmisch gefreut, das war so ihre Art. Ich wusste aber sofort, für wessen Kopf dieses Stirnband bestimmt war. Viele Jahre habe ich es getragen. Alle diese Produkte sind in der Zwischenzeit verbraucht und entsorgt. Sie waren uns aber in der »schlechten Zeit« eine wahre Hilfe, trotz der meist rauen Wolle.

Und was ist noch von meiner OMA hier? Mit dem Aufzählen habe ich nun wegen »Mangel an Masse« meine Probleme, und ich denke auch, dass nicht die Menge der noch erhaltenen Gegenstände, sondern mehr die daran haftenden Erinnerungen von Wichtigkeit sind. Ihre alte Handtasche, die sie für ihre Einkäufe benutzte und deshalb von ihr als Einkaufstasche bezeichnet wurde, habe ich auf dem Dachboden aufgehoben. Das verschlissene Gebetbuch hat einen würdigen Platz im Bücherregal gefunden und es gibt noch einige Bilder von OMA, auch integriert in Familienfotos, die an der Wand hängen. Eines der Bilder zeigt OMA, wie sie in ihrem Gebetbuch lesend auf dem Sessel sitzt. Ach ja, die vielen Erinnerungen sind hier geblieben, und ihr Grab, in dem sie neben ihrem früh verstorbenen Mann ihre letzte Ruhe gefunden hat. Es wird noch von meiner Frau und mir gepflegt. Sicher würde sich meine OMA auch sehr darüber freuen, wenn sie wüsste, dass noch einige Heiligenfiguren auf dem Dachboden stehen, die sie in jüngeren Jahren jedes Mal zum Fronleichnamstag in einen Altar einordnete. Sie hat auch noch einen alten Schuhlöffel aus Eisen hinterlassen, den mein Opa einmal geschmiedet hat.

Das aber für mich Wichtigste, was sie in meinen Gedanken hier gelassen hat, sind ihre Sprüche, Weisheiten und Redewendungen. Auch wenn seit meiner Kindheit schon sehr viele Jahre vergangen sind, ich selbst zweifacher Vater, ja schon dreifacher Großvater bin und das Leben manches Mal unerbittlich gewesen ist, von OMAs Sprüchen und Weisheiten sind mir sehr viele in Erinnerung geblieben. Ich habe immer versucht, mich daran zu halten, was aber oft nicht gelungen ist. Öfter erwische ich mich mit der Redewendung: »Meine OMA hat da immer gesagt ...«

Manchmal, in letzter Zeit aber immer öfter, stelle ich mir die Frage, wie lange mir noch dieses Erinnerungsvermögen erhalten bleibt. Deshalb habe ich mir seit geraumer Zeit vorgenommen, OMAs Weisheiten und Sprüche aufzuschreiben. Mit Sicherheit habe ich schon einige davon vergessen, da hilft auch das Mühen und Nachdenken nicht mehr viel und da würde ich bei meiner OMA gerne nochmal nachfragen. Was würde sie wohl sagen, wenn ich wissen wollte, wer ihr diese »Kostbarkeiten« hinterlassen hat? Vielleicht könnte sie in ihrer Bescheidenheit nicht einmal nachvollziehen, warum ich diese aufschreiben möchte, und danach hätte sie mich sicher auch gefragt. Meine Anwort, liebe OMA, ist ganz einfach: Ich habe den Wert deiner Worte erkannt und ich möchte, dass von dir noch etwas hier ist, auch wenn ich dir irgendwann bereits nachgefolgt bin! Ich tue dies auch mit der Gewissheit, dass du immer hinter deinen Worten gestanden hast, dass du sie gelebt hast. Dies machte dich so verlässlich, so gut kalkulierbar, für mich so unvergesslich.

Ich habe gerade schon die Frage in den Raum gestellt, woher wohl du deine Sprüche, Weisheiten und Redewendungen hast. Diese Frage wird wohl nicht mehr zu beantworten sein, lässt aber die Vermutung zu, dass viele deiner Zeitgenossen aus der gleichen Quelle, die da »Volksweisheiten« heißt, geschöpft haben. So gesehen, stehst du, liebe OMA, sozusagen exemplarisch, für viele Menschen früherer Generationen. Deshalb kann es natürlich auch sein, dass mir der eine oder andere Spruch, die eine oder andere Weisheit oder Redewendung über sonstige Wege zugeflossen ist.

In jedem Fall warst du es aber, die mich für diese kurzen und knappen »Wahrheiten« so empfänglich gemacht hat.

OMAs Sprüche, Weisheiten und Redewendungen

Beim ersten Hinsehen, liebe OMA, erscheinen einige »deiner« Sprüche, Redewendungen und Weisheiten geeignet zu sein, die Menschen klein und unmündig zu halten, manchmal auch zu verletzen. Es kommt auch vor, dass verschiedene Redewendungen in offensichtlichem Widerspruch zueinander stehen. Du hast es aber beim Anwenden immer meisterhaft verstanden, ein großes Fingerspitzengefühl walten zu lassen, hast relativiert und nie die »individuelle Bandbreite« außer Acht gelassen. Es wurde nicht alles über einen Kamm geschoren, und der in der gerade relevanten Situation verwendete Spruch hat seine Wirkung immer voll entfalten können.

Hier nun, liebe OMA, das, was mir von deinen Sprüchen, Redewendungen und Weisheiten in Erinnerung geblieben ist. Für dich waren sie Grundwahrheiten und Erkenntnisse, die – neben deinem festen Glauben – dein Leben so stark geprägt und die dir in Zeiten der Not und des Schmerzes so viel Kraft gegeben haben. Wohl die meisten davon haben sich in unserem Volk über viele Generationen als Regulat des menschlichen Verhaltens und Zusammenlebens bewährt:

Alles hat seine Zeit

Alles mit Maß und Ziel

Alles, was gut und recht ist

Alter geht vor

Alter schützt vor Torheit nicht

Am Abend werden die Faulen fleißig

Am besten steht man auf zwei Beinen

Am meisten wird schwarz auf weiß gelogen

An der Quelle sitzt der Knabe

Arbeit schändet nicht

Arm ist nicht der, der wenig hat, sondern der, der nie genug bekommen kann

Auch der Größte hat mal klein angefangen

Auch große Bäume werfen mitunter einen kleinen Schatten

Auf altem Gleise wird man nicht weise

Auf einer Waagschale sollte der Verstand und auf der anderen das Herz liegen

Auf jeden November folgt wieder ein Mai

Aufschub ist der Dieb der Zeit

Ausgetretene Pfade sollte man meiden

Bellende Hunde beißen nicht

Beschmutze nicht das eigene Nest

Bessern kann sich jeder

Bleib mit den Beinen auf dem Boden

Buschbohnen brauchen keine Stangen

Da ist guter Rat teuer

Da kannst du dich drauf verlassen

Da kommt ja die Brüh' über die Brocken

Daheim ist daheim, und wenn's in der Holzecke ist

Damit kannst du keinen Staat machen

Darauf gebe ich dir Brief und Siegel

Das Bäumchen biegt sich, der Baum aber nicht mehr

Das beste Pflaster ist ein Trostpflaster

Das größte Wunder der Natur ist Sonnenschein auf Heimatflur

Das ist besser als einer leeren Kutsche nachgelaufen

Das ist zu rund für meinen eckigen Kopf

Das ist nicht mehr als ein Tropfen auf einen heißen Stein

Das kommt so sicher wie das Amen in der Kirche

Das letzte Hemd hat keine Taschen

Das Maß ist voll

Das, worum du dich bemühst, möge dir gelingen

Der Apfel fällt nicht weit vom Stamm

Der (die) hat's hinter den Ohren sitzen

Der (die) lebt auf großem Fuß

Der (die) lügt, dass sich die Balken biegen

Der (die) sollte sich das Lehrgeld wiedergeben lassen

Der getroffene Hund bellt

Der Glaube versetzt Berge

Der Horcher an der Wand hört seine eigene Schand'

Der kluge Mann baut vor

Der Krug geht so lange zum Brunnen, bis er bricht

Der Mensch denkt und Gott lenkt

Der Mensch erfährt, er sei auch, wer er mag, ein letztes Glück und einen letzten Tag

Der Schuster hat meist die schlechtesten Schuhe

Der Ton macht die Musik

Der Weg richtet sich nach dem Ziel

Der Zweck heiligt die Mittel

Des einen Tod ist des anderen Brot

Des Lehrers Töchter, des Pfarrers Vieh geraten selten oder nie

Die beste Krankheit taugt nichts

Die dümmsten Bauern ernten die dicksten Kartoffeln

Die Ersten werden die Letzten sein

Die Katze lässt das Mausen nicht

Die Wahrheit liegt in der Mitte

Die Zeit heilt Wunden

Dir geht auch noch ein Licht auf

Dir wird der Spaß noch vergehen

Doppelt gemoppelt hält besser

Du kannst mir mal den Buckel runterrutschen

Du sollst leben soviel Jahr wie der Fuchs hat Schwanz am Haar (Haar am Schwanz)

Dumm darf man sein, man muss sich nur zu helfen wissen

Dummheit und Stolz wachsen aus einem Holz

Ehrlich währt am längsten

Eigenlob stinkt

Ein blindes Huhn findet auch mal ein Korn

Ein Gewitter reinigt die Luft

Ein grober Klotz braucht einen groben Keil

Ein Haus braucht ein gutes Fundament

Ein schlechtes Gewissen ist kein gutes Ruhekissen

Ein Unglück kommt selten alleine

Einbildung ist auch eine Bildung

Eine Freundschaft muss auch einen Streit aushalten

Eine Hand wäscht die andere

Eine Kette ist so stark wie ihr schwächstes Glied

Eine Krähe kratzt der anderen das Auge nicht aus

Eine Schwalbe macht noch keinen Sommer

Einem geschenkten Gaul guckt man nicht ins Maul

Einigkeit macht stark

Ende gut, alles gut

Es gibt solche und solche

Es ist alles für die Katz

Es ist fünf Minuten vor zwölf

Es ist kein Reichtum erforderlich, um jeden Tag zu einem Kunstwerk zu machen

Es ist leichter gesagt als getan

Es ist nicht alles Gold, was glänzt

Es ist noch kein Baum in den Himmel gewachsen

Es ist noch kein Meister vom Himmel gefallen

Es ist später, als du denkst

Es liegt was in der Luft

Es schallt aus dem Wald heraus, wie es hineinschallt

Es wird nichts so heiß gegessen, wie es gekocht wird

Falle nicht aus dem Rahmen

Fange immer bei dir selbst an

Fasse dir an die eigene Nase

Fingerlang gehandelt ist besser als armlang geschafft

Fleiß und Beharrlichkeit bringen dich weit

Freunde in der Not geh'n hundert auf ein Lot

Freundschaft ist eine Pflanze, die oft gegossen werden muss

Früh übt sich, wer ein Meister werden will

Früher Fisch fängt den Wurm

Gebe dem Kaiser, was des Kaisers ist

Gegen alles ist ein Kräutchen gewachsen

Gegensätze ziehen sich an

Geh entlang dem Glockenklang

Gelegenheit macht Diebe

Gerne tun macht jede Last leicht

Gesundheit ist nicht alles, aber ohne Gesundheit ist alles nichts

Geteilte Freude ist doppelte Freude

Geteilte Last ist halbe Last

Geteiltes Leid ist halbes Leid

Gleich und gleich gesellt sich gern

Gottes Mühlen mahlen langsam

Gottes Segen auf all' deinen Wegen

Große Ereignisse werfen ihre Schatten voraus

Gut Ding will Weile haben

Haben und nichts geben ist schlechter als stehlen

Handwerk hat goldenen Boden

Hast du im Leben tausend Treffer, man sieht's, man nickt, man geht vorbei; doch nie vergisst der kleinste Kläffer, schießt du ein einzig Mal vorbei

Hättest du geschwiegen, wärst du ein weiser Mann geblieben

Heile heile Gänschen, es wird alles wieder gut

Hilf dir selbst, dann hilft dir Gott

Hinfallen kann jeder, man muss nur immer wieder aufstehen

Hochmut kommt vor dem Fall

Hüte dich vor denen, die ihr Mäntelchen nach dem Wind hängen

Hüte dich vorm Wolf im Schafspelz

Ich bin Feuer und Flamme

Im Dunkeln lässt sich's gut munkeln

Im Leben geht alles vorüber, im Leben geht alles vorbei

Im Wein liegt Wahrheit

Immer eines nach dem anderen, so wie man die Klöße isst

In der Kürze liegt die Würze

In der Ruhe liegt die Kraft

In der Stille und Einsamkeit kann man Gott gut fühlen

In eine Literflasche passen keine drei Schoppen

Irren ist menschlich

Ist der Boden gut bestellt, kannst du scheiden aus der Welt

Ist es einmal gar zu schwer, kommt von irgendwo ein Licht daher

Je mehr er hat, je mehr er will

Jedem Tierchen sein Pläsierchen

Jeder hat mal klein angefangen

Jeder hat sein Kreuz zu tragen

Jeder ist seines Glückes Schmied

Jeder soll nach seiner Fasson selig werden

Jedes Töpfchen findet sein Deckelchen

Jetzt hört aber der Spaß auf

Kannst du was, dann bist du was

Kaufe nicht, was du nicht brauchst, dann musst du nicht verkaufen, was du brauchst

Kehre vor der eigenen Tür

Kinder und Betrunkene sagen die Wahrheit

Kleine Kinder, kleine Sorgen, große Kinder, große Sorgen

Kleine Menschen hat Gott erschaffen, die Bengel wachsen im Wald

Kleine Ursache, große Wirkung

Kommt Zeit, kommt Rat

Lachen ist gesund

Lange Rede, kurzer Sinn

Lass dich nicht an der Nase herumführen

Lass dich nicht ins Bockshorn jagen

Lass die Vögelchen fliegen

Lass dir nicht das Wasser abgraben

Lasset uns am Alten, so es gut ist, halten

Lasst uns auf dem alten Grunde Neues bau'n zu jeder Stunde

Lebe so, dass die anderen bei deinem Tod weinen, du aber lächeln kannst

Lebe einfach, dann lebst du zweifach

Lege das Maß nicht zu stramm an

Liebe geht durch den Magen

Liebe nicht nur mit Worten, sondern auch mit Werken

Lieber den Spatz in der Hand als die Taube auf dem Dach

Lieber ein Ende mit Schrecken als ein Schrecken ohne Ende

Lügen haben kurze Beine

Mach es wie die Sonnenuhr, zähl die heitren Stunden nur

Mach keine zu großen Sprünge

Man kann niemand hinter die Stirn gucken

Man kann's nicht allen recht machen

Man muss aufpassen, dass man vor lauter Bäumen den Wald noch sieht

Man muss das Bäumchen biegen, solange es klein ist

Man muss die Feste feiern, wie sie fallen

Man soll das eine tun, das andere aber nicht lassen

Man soll den Bogen nicht überspannen

Man soll den Tag nicht vor dem Abend loben

Man soll die Hoffnung nicht aufgeben

Man soll immer die Kirche im Dorf lassen

Man soll nicht alles mit der gleichen Münze heimzahlen

Man sollte das Angenehme mit dem Nützlichen verbinden

Man sollte das Eisen schmieden, solange es heiß ist

Man sollte dem Herrgott nicht die Zeit stehlen

Man sollte immer mehrere Fliegen mit einer Klappe schlagen

Man sollte nicht alles über einen Kamm scheren

Manche müssen zu ihrem Glück gezwungen werden

Manchmal kann das Ei erst nach dem Brüten gelegt werden

Mit der Größe der Herde steigt das Gehalt des Schäfers

Mit Speck fängt man Mäuse

Morgen ist auch noch ein Tag

Morgen, morgen, nur nicht heute, sagen alle faulen Leute

Morgenstund' hat Gold im Mund

Müßiggang ist aller Laster Anfang

Nach der Ruhe kommt der Sturm

Nach getaner Arbeit ist gut ruhen

Nach Regen folgt Sonnenschein

Neid kennt nur das Blumenbeet, aber nicht den Spaten

Neue Besen kehren gut

Neues Spiel, neues Glück

Niemand kann aus seiner Haut heraus

Niemand kann etwas mitnehmen, wir können aber alle etwas hier lassen

Niemand kann über seinen Schatten springen

Noch ist nicht aller Tage Abend

Noch ist Polen nicht verloren

Not macht erfinderisch

Nur nicht nachlassen

Nutze den Tag

Oben hui und unten pfui

Ohne Fleiß kein Preis

Ohne Spesen nichts gewesen

Ordnung ist das halbe Leben

Papier ist geduldig

Platz ist in der kleinsten Hütte

Pünktlichkeit ist fünf Minuten vor der Zeit

Quäle nie ein Tier zum Scherz, denn es fühlt wie du den Schmerz

Red's dir ruhig von der Seele

Rede wenig, rede wahr, viel Gerede bringt Gefahr

Reden ist Silber, Schweigen ist Gold

Sag nicht ja, wenn du nein sagen willst

Säg' nicht den Ast ab, auf dem du sitzt

Sage mir, mit wem du umgehst, und ich sage dir, wer du bist

Schalte zuerst das Hirn ein und dann den Mund

Schlechtem Geld sollte man kein gutes Geld nachtragen

Schließe den Deckel, bevor das Kind in den Brunnen gefallen ist

Schuster, bleib bei deinen Leisten

Selbst ist der Mann

Selbsterkenntnis ist der erste Weg zur Besserung

Sich regen bringt Segen

Spare in der Zeit, dann hast du in der Not

Sprosse für Sprosse kommt man weiter – die ganze Leiter

Stahl und Eisen bricht, aber unsere Liebe nicht

Stehe zu deinen Fehlern

Stelle dein Licht nicht unter den Scheffel

Steter Tropfen höhlt den Stein

Stillstand ist Rückgang

Strecke dich nach deiner Decke

Trage deine Nase nicht zu hoch

Trau, schau, wem

Trink Wasser wie das liebe Vieh und denk, es wär' Champamperie

Tue recht und scheue niemand

Üb immer Treu und Redlichkeit

Überfluss hat etwas mit überflüssig zu tun

Umwege sind auch Wege

Undank ist der Welt Lohn

Versprochen ist versprochen

Vertrauen muss jeden Tag neu erworben werden

Viele Köche verderben den Brei

Viele Wege führen nach Rom

Vieles ginge besser, wenn man mehr ginge

Vor den Erfolg haben die Götter den Schweiß gesetzt

Vorbei ist vorbei

Vornehm geht die Welt zugrunde

Vorsicht ist die Mutter der Porzellankiste

Warum denn in die Ferne schweifen, das Gute liegt so nah

Warum ist die Banane krumm

Was du heute denkst, wirst du morgen tun

Was du heute kannst besorgen, das verschiebe nicht auf morgen

Was du nicht willst, das man dir tu, das füg auch keinem andern zu

Was du schwarz auf weiß besitzt, kannst du getrost nach Hause tragen

Was Hänschen nicht lernt, lernt Hans nimmermehr

Was lange währt, wird endlich gut

Was man weit wegwirft, muss man auch wieder weit herholen

Was mit Zorn begonnen hat, endet mit Scham

Was nützt das Gegacker, wenn kein Ei gelegt wird

Was sich liebt, das neckt sich

Wem das Glück ist zugetan, dem legt Eier selbst der Hahn

Wenn der Hund nicht gemusst hätte, dann hätte er den Hasen gehabt

Wenn du noch eine Mutter hast, dann danke Gott und sei zufrieden

Wenn zwei dasselbe tun, ist dies noch lange nicht das Gleiche

Wenn's dem Esel zu wohl wird, geht er aufs Eis tanzen

Wer angibt, hat's nötig

Wer arbeitet, muss sich auch ausruhen

Wer aufgibt, hat verloren

Wer den Pfennig nicht ehrt, ist den Taler nicht wert

Wer die Wahl hat, hat die Qual

Wer einmal lügt, dem glaubt man nicht, und wenn er auch die Wahrheit spricht

Wer gut schmiert, der gut fährt

Wer im Glaskasten sitzt, sollte nicht mit Steinen werfen

Wer langsam schreit', kommt grad so weit

Wer nicht hören will, muss fühlen

Wer nicht kommt zur rechten Zeit, der muss nehmen, was übrig bleibt

Wer rastet, der rostet

Wer schändet Pferd und Rind, hält's auch schlecht mit Weib und Kind

Wer schreibt, der bleibt

Wer sich erhöht, wird erniedrigt

Wer sich in Gefahr begibt, kommt darin um

Wer wagt, der gewinnt

Wer zuletzt lacht, lacht am besten

Wichtiger als das Wollen ist das Tun

Wie der Herr, so das Gescherr (Geschirr)

Wie du mir, so ich dir

Wie man sich bettet, so liegt man

Wir leben alle unter demselben Himmel, aber meist mit unterschiedlichem Horizont

Wissen ist Macht

Wo ein Teufel ist, da sind auch zwei Engel

Wo ein Wille ist, da ist auch ein Weg

Wo gehobelt wird, gibt's Späne

Wo Licht ist, da ist auch Schatten

Wo Unkraut vor der Tür wächst, ist der Bankrott nicht mehr weit

Zünde in der Kirche keine Kerze an, wenn es daheim trübe ist

Zwei Halbe sind noch lange kein Ganzer

Zwei Schritte zurück, drei Schritte vor, geht's irgendwann auch durchs Tor

Zielsetzung und Weg

Es liegen bereits einige Jahrzehnte zwischen dem Tod meiner OMA und dem Tag, an dem ich mich endgültig dazu entschlossen habe, OMAs Weisheiten, Redewendungen und Sprüche aufzuschreiben. Nun muss ich feststellen, dass dabei mehrere Nebeneffekte, die ich mit einer solchen Wucht nicht erwartet habe, aufgetreten sind. So kann ich feststellen, dass meine OMA beinahe wieder so nahe an mich herangerückt ist wie in meiner Kindheit. Das empfinde ich als einen großen Gewinn, obgleich mir dabei bewusst wurde, dass in der Zwischenzeit ein Großteil meines eigenen Lebens vergangen ist. Dabei habe ich Erfahrungen der unterschiedlichsten Art machen können. Oftmals haben mir die Sprüche meiner OMA geholfen, dennoch habe ich auch hin und wieder gleiche Fehler wiederholt. OMAs Kommentar: »Niemand kann aus seiner Haut heraus.« So manches Mal musste ich mir dann wieder mit anderen Sprüchen und Weisheiten zum Gleichgewicht verhelfen. OMA sagte auch immer: »Selbsterkenntnis ist der erste Weg zur Besserung.« Kurz und gut: Die Dynamik des Lebens habe ich gespürt und erkannt, dass man »jeden Tag nutzen« sollte. Wie sagte da doch OMA: »Es ist später als du denkst.«

Beim Aufschreiben von OMAs Sprüchen haben sich aber – ich sagte es bereits – noch weitere Nebeneffekte ergeben, und mir ist dabei einiges deutlich geworden. Eigentlich war es überhaupt nicht meine Absicht, hierauf einzugehen, aber einen zweiten Nebeneffekt halte ich doch für bedeutungsvoll und eine Erwähnung desselben drängt sich mir geradezu auf.
 Und was ist es nun, was mich hier noch bewegt? Es sind zwei beim Aufschreiben von OMAs Sprüchen immer wieder aufgetretene Fragen: Wie hat sich seit meiner Kindheit die prägende Kraft der Familie auf die kindliche Erziehung und damit auch auf die spätere Leistungsfähigkeit in Schule und Beruf verändert? Liegt etwa auch hier ein Grund für das schlechte Abschneiden

Deutschlands in der PISA-STUDIE? Dabei habe ich durchaus auch daran gedacht, dass die prägende Kraft der Familie nicht nur dazu führen kann, dass in Schule und Beruf bessere Leistungen erbracht werden – was ja die PISA-STUDIE anmahnt. Es können dabei gleichzeitig auch andere wünschenswerte Eigenschaften zu kurz kommen, beispielsweise die Fähigkeit kritisch zu denken und seine Gedanken auch mutig zu vertreten. Dabei fällt mir wieder OMA ein: »Sag nicht ja, wenn du nein sagen willst.«

Eine Antwort auf die gestellten Fragen zu finden, wäre sicher ein wichtiger Beitrag in der momentanen Diskussion der für Bildung und Ausbildung Verantwortlichen. Dies ist sicher nicht ganz einfach und wird sehr vermutlich auch nicht durch den von mir gewählten Weg leichter. Ich möchte nämlich bei der Wahl der Mittel einen etwas außergewöhnlichen, für mich aber nahe liegenden Weg wählen. Vielen wird dieser Weg zu unwissenschaftlich, vielleicht gar hausbacken vorkommen: Ich möchte die Sprüche meiner OMA zur Hilfe bei der Beantwortung der aufgeworfenen Fragen heranziehen!

Dabei halte ich mich an den Spruch von OMA: »Viele Wege führen nach Rom.« Wenn es um die Beantwortung von Fragen ging, hat sie auch immer den Grundsatz »Auf einer Waagschale sollte der Verstand und auf der anderen das Herz liegen« einbezogen.

Da das Problem wirklich sehr vielschichtig ist, räume ich von vorneherein die Möglichkeit ein, dass die Beantwortung der mir wichtigen Fragen – mit Hilfe von OMAs Sprüchen – nur teilweise gelingen könnte, was aber sicher schon ein beachtlicher Erfolg sein würde.

Legitimation und Bestandsaufnahme

Mir ist klar, dass man die aufgeworfenen Fragen nur dann einigermaßen repräsentativ beantworten kann – egal welchen Weg man dabei auch einschlägt –, wenn man die meist üblichen Familienverhältnisse und -strukturen von damals, also aus OMAs Zeit, mit denen der Jetztzeit vergleicht. Damit dieser Vergleich von derselben Person vorgenommen werden kann, muss gewährleistet sein, dass diese wenigstens ansatzweise die verschiedenen Zeiten kennen gelernt hat. Dies kann ich für mich in Anspruch nehmen.

An dieser Stelle möchte ich für meinen speziellen Fall noch nachtragen, dass ich nicht etwa – wie man aus den bisherigen Darstellungen schließen könnte – nur unter Frauen groß geworden bin, obwohl ich meine beiden Großväter, den Schneider und den Schmied, nicht mehr kennen gelernt habe; sie sind bereits vor meiner Geburt verstorben. Meinen geliebten Vater habe ich auch schon mit sieben Jahren durch einen Verkehrsunfall verloren, so dass auch dessen Einfluss auf meine Erziehung zeitlich begrenzt war. Bis zu diesem Zeitpunkt hat er diese Aufgabe aber auch nur in seiner Freizeit wahrnehmen können. Dies war meist nur die eine oder andere Feierabendstunde und der Sonntag, nicht etwa – wie heute – das ganze Wochenende. Auch in den Urlauben hatte da mein Vater keine Möglichkeiten, denn solche Urlaube gab es nicht. Nach dem Tod meines Vaters habe ich mich nach männlichem »Ersatz« umgeschaut, was mir bei einigen Onkels mehr schlecht als recht gelungen ist. Da hätte ich mir doch ein bisschen mehr Sensibilität gewünscht. Mit einem Großonkel, der in der Nachbarschaft wohnte, hatte ich es sehr gerne zu tun. Er war zu dieser Zeit schon verwitwet und konnte sich viel Zeit für mich nehmen.

So war dies in den meisten Familien, die wir kannten, der Fall: Mutter (und Großmutter) war zu Hause bei den Kindern, und Vater verdiente das für das Leben Erforderliche. So gesehen glaube ich also, dass ich bei der Beantwortung der mich bewegenden Fragen statistisch in der Gruppe derer von damals recht gut verwertbar bin. Diesbezüglich muss man ja heute aufpassen und bezüglich dieser »statistischen Verwertbarkeit« habe ich noch einen weiteren Nachtrag zu machen. Es ist nämlich auch nicht so – wie man ebenfalls aus meinen bisherigen Schilderungen herauslesen könnte –, dass ich auf dem flachen Land groß geworden bin. Ländlich war es zwar bei uns, doch mein Heimatort liegt mitten im Rhein-Main-Gebiet – eine kleine Stadt im Taunus, nur wenige Kilometer von mehreren Großstädten entfernt. Auch diese Tatsache ist sicher nicht dazu angetan, meine statistische Verwertbarkeit als unzureichend einzustufen oder zu mindern.

Um es mit anderen Worten zu sagen: Ich halte mich für geeignet, Fragen betreffend Familie und Erziehung – bezüglich der Zeit von damals – weitestgehend beantworten zu können. Ich denke, dass dies meine Familienstruktur und deren Einfluss auf meine Erziehung gewährleisten. Wir waren damals durchaus eine Durchschnittsfamilie, aufgeschlossen und nicht weltfremd. Daran hat sich bis heute nichts geändert, und ich kann somit auch für mich in Anspruch nehmen, dass ich die heutigen Zustände genau und auch repräsentativ beobachtet habe und beobachte. Von meinen Beobachtungen und Erfahrungen – damals und jetzt – möchte ich berichten. Vielleicht gelingt es auch, durch den Vergleich von damals und heute die erforderlichen Rückschlüsse und Konsequenzen für die Zukunft herauszuarbeiten?

Aus meinen bisher dargelegten Gedanken lässt sich sicher erkennen, dass ich der Meinung bin, dass die Beantwortung der doch wichtigen Frage nach dem Einfluss der Familie auf die Erziehung – damals und jetzt – nicht durch den Vergleich von wenigen Einzelfällen erfolgen kann. Ganz bewusst möchte ich aber nicht mit wissenschaftlichen Methoden an die Beantwortung der aufgeworfenen Fragen herangehen, was ich schon erwähnt habe und was auch vielerorts bereits versucht wurde und versucht wird. Die PISA-STUDIE ist ein gutes Beispiel hierfür, wobei sich diese aber nur auf die Jetztzeit bezieht und deshalb den Vergleich zu damals nicht zulässt. Vielmehr möchte ich mich bei meinen Betrachtungen von den praktischen Ergebnissen in Erziehungs- und Bildungsfragen leiten lassen. Diese praktischen Ergebnisse von damals mit denen von heute verglichen, unterscheiden sich aber gewaltig voneinander und wir versuchen ja hier eine Antwort bezüglich der dies bewirkenden Ursachen zu finden – mit Hilfe von OMAs Sprüchen.

Um diesen gewaltigen Unterschied von damals und heute zu realisieren, sollte man sich daran erinnern, dass Deutschland einmal in Fragen der Kultur, der Bildung und Ausbildung führend in der Welt war, was sicher niemand bestreiten wird. Man nannte Deutschland einmal das Land der Dichter und Denker. Viele kulturelle Werke und Erfindungen sind mit deutschen Namen verbunden. Überdeutlich wird dies, wenn man sich einmal das Verzeichnis über die Verleihung der Nobelpreise für den Zeitraum von 1900 bis 1940 ansieht. Es wimmelt dort geradezu von deutschen Namen!

Auch hier sollte daran erinnert werden, dass die Betrachtungen bezüglich Bildung und Erziehung nicht ausschließlich auf der PISA-Ebene, das heißt nur auf messbare Leistungen bezogen, erfolgen dürfen, denn es ist durchaus möglich, dass bei der Erziehung auch andere wichtige Eigenschaften unterentwickelt bleiben. So hat sicher unkritisches Verhalten vieler Menschen einen großen Beitrag dazu geliefert, dass es im Land der Dichter und Denker leider auch möglich gewesen ist, Bestandteile einer jahrhundertealten Kultur völlig auszulöschen.

Wenn nun heute all diesem – was der Vergangenheit angehört – die PISA-STUDIE gegenübersteht, dann ist ein Vergleich von damals und jetzt – was Deutschland betrifft – mehr als schockierend, und dann wird dies auch bestimmt mehrere Gründe haben. Genügend wurde und wird ja hierüber diskutiert, von Bundesland zu Bundesland unterschiedlich und meist parteipolitisch gefärbt. Der Bürger sieht dies mit Erstaunen, denn was hat beispielsweise das Diskutieren in der Konferenz der sechzehn Kultusminister bisher genutzt, wenn sich noch immer die Lehrpläne von Bundesland zu Bundesland in wichtigen Schulfächern unterscheiden und wenn man sich auch nicht in der Frage einigen kann, ob zwölf oder dreizehn Schuljahre zum Erreichen der »Reife« nötig sind? Mit OMA gesprochen: »Ohne Spesen nichts gewesen.«

Nicht, dass ich dem Zentralismus das Wort reden möchte, und nicht, dass ich behaupte, früher wäre alles besser gewesen, nur mit den heutigen Bildungsstrukturen und den zunehmend kontroversen Diskussionen werden wir mit Sicherheit nicht mehr zum Land der Dichter und Denker. Hier möchte ich doch bemerken, dass zu OMAs Zeit, also in der Zeit der Dichter und Denker, bezüglich Erziehung und Ausbildung, bis hin zur Ausbildung an den Universitäten, im ganzen Land ein weitestgehender Konsens bestanden hat. Leider beinhaltete dieser Konsens auch, dass damals der Zugang zu einer »höheren Schule« und der Universität meist nur einer privilegierten Bevölkerungsschicht ermöglicht wurde.

In diesem Zusammenhang möchte ich von einer Begebenheit berichten, die im Jahr 1879 an der damals deutschen Universität in Straßburg stattgefunden hat: Der schon beinahe gefürchtete Hochschulreferent im Berliner Kultusministerium, Friedrich Althoff, hatte sich zu einem Besuch zwecks Beurteilung von Vorlesungen angesagt. Da zu vermuten war, dass ein damals noch unbekannter Dozent für Physik beurteilt werden sollte, der vom Leiter des Physikalischen Instituts, Professor August Kundt, sehr geschätzt wurde, war dieser auf den Einfall gekommen, die Studenten durch Manipulation möglichst zahlreich in den betreffenden Hörsaal zu beordern. Damit sollte ein guter Eindruck hinsichtlich der Beliebtheit des Dozenten vermittelt werden. Der Hörsaal war bis auf den letzten Platz besetzt und viele Studenten hatten nur einen Stehplatz erhalten. Niemand hatte jedoch damit gerechnet, dass sich Althoff studentisch gekleidet und dadurch unerkannt unter die Studenten mischen und nachfragen würde, ob diese Vorlesung immer so stark frequentiert wäre. Ein Student verneinte dies mit der Bemerkung, dass heute ein hoher Beamter aus Berlin erwartet würde, und da solle der Hörsaal bei der Inspektion doch möglichst voll besetzt sein. Der Wunsch des jungen und damals noch unbekannten Physik-Dozenten in eine von ihm gewünschte andere Universität berufen zu werden und dort einen Lehrstuhl zu erhalten, wurde nicht erfüllt. Hierauf musste Wilhelm Conrad Röntgen noch eine Weile warten. Im Jahr 1901 hat er als erster den Physik-Nobelpreis erhalten. Dieses Beispiel zeigt überdeutlich die einstige straffe Organisation. Die Erfolge sind nicht ausgeblieben. Heute würden wir uns die Handhabung freilich etwas moderater wünschen, sicher aber anders, als sie zur Zeit ist, eben des Erfolges wegen!

Bei der heute festzustellenden Vielfältigkeit, ja Zerrissenheit, fällt mir da wieder ein Spruch von OMA ein: »Viele Köche verderben den Brei.« Öfter sagte sie aber auch: »Einigkeit macht stark«, oder: »Gut Ding muss Weile haben.« Warten wir also noch ein bisschen zu und halten wir uns vorläufig an OMAs Motto: »Ende gut, alles gut.«

Damals

Da ich meine ersten Lebensjahre in der Zeit des Zweiten Weltkrieges verbrachte, möchte ich bei meinen Betrachtungen diese besondere persönliche Situation nicht außer Acht lassen. Den Einfluss meines Vaters auf meine Erziehung habe ich bereits kurz erwähnt. Im Gegensatz zu meinem Vater, der mit seiner Firma »in der Heimat« dienstverpflichtet war, waren aber viele andere Väter im Krieg. Es gab somit extrem viele allein erziehende Mütter (und Großmütter), auch wenn dieser Begriff damals überhaupt noch nicht existierte. Diese Tatsache erschwerte zwar die Erziehungsarbeit, das Ergebnis konnte sich aber meist sehen lassen. In dieser Zeit rückten die Familien, die man meist als Familienreste bezeichnen konnte, eng zusammen, sowohl innerhalb der Familie als auch untereinander.

Manchmal war dieses Zusammenrücken auch von widrigen Umständen erzwungen. Dies war beispielsweise dann der Fall, wenn im Luftschutzkeller Zuflucht genommen werden musste. Diesem ohnehin mehr als unangenehmen Ereignis überlagerte sich meist noch die Tatsache, dass es stets zur Nachtzeit war und sich über mehrere Stunden dahinzog, mehrmals in der Woche. OMA tat dies dann mit der Bemerkung »ein Unglück kommt selten alleine« ab. Diese zwangsweisen Zusammenkünfte waren natürlich räumlich sehr beengt, und man kann sich gut vorstellen, dass sich Mütter und Großmütter mit aller Hingabe um die Kinder kümmern mussten. In unserem Luftschutzkeller, der von meinem Vater relativ sicher ausgebaut worden war, befanden sich in diesen Schreckensnächten etwa zehn Kinder und fünfzehn bis zwanzig Erwachsene. Dieser »Luftschutzraum« hatte eine Größe von ungefähr 17 Quadratmeter, eine Höhe von gut 2 Meter und war mit einer Durchstiegsluke mit dem Nachbarhaus verbunden, für den Fall der Fälle. Unsere Notgemeinschaft konnte sich noch insofern glücklich schätzen, als ein junger Mann aus der unmittelbaren Nachbarschaft über viele Zaubertricks verfügte und mit seinen lustigen Vorführungen zur Entlastung und zum Verdrängen der misslichen Lage beigetragen hat. Es ist schon so: »Geteilte Last ist halbe Last.« Dennoch waren Streitigkeiten in dieser Enge manchmal nicht zu umgehen. OMA sagte dann: »Eine Freundschaft muss auch einen Streit aushalten.« Wie viele Mal hat sie wohl gesagt: »Auf jeden November folgt wieder ein Mai«?

Nun sollte man nicht denken, dass es in der Zeit des Krieges und auch in den unmittelbaren Jahren danach überhaupt kein normales Leben gab. Abgesehen von Essen, Kleidung und Wohnraum hatte das Leben durchaus die meisten Gepflogenheiten aus der Zeit vor dem Krieg beibehalten. Dies weiß ich allerdings nur aus Erzählungen, die ich als Kind gar nicht oft genug hören konnte, immer und immer wieder. In diesem Zusammenhang kann ich auch berichten, dass damals die wesentlichen Dinge doch viel langlebiger waren als heute. Dies wird an einem Beispiel deutlich, welches ich von OMA und auch von meiner Mutter öfters gehört habe. Dieses Beispiel befasste sich mit einem Thema, das heute zu den unangenehmsten Themen überhaupt gehört, nämlich mit Steuern und Abgaben. Damals konnte ich immer mal wieder hören, dass mein Großvater – der Schmied – zu Kaisers Zeit über viele Jahre mit einem Jahressteuersatz von zwölf Mark veranschlagt wurde, und ich denke doch, dass ich diesen Sachverhalt richtig gespeichert habe. Alles war verlässlicher, auch der Staat! Mit einem »Da kannst du dich drauf verlassen« hätte OMA diese Behauptung kommentiert. Heute fällt einem da nur noch OMAs Spruch ein: »Je mehr er hat, je mehr er will.«

Auf das Thema Steuern werde ich noch einmal kurz zurückkommen. Hier möchte ich aber schon mal zu bedenken geben, dass damals wohl kaum jemand angesichts eines solchen Steuersatzes auf den Einfall gekommen wäre, seine Steuer zu hinterziehen oder Geld im Ausland zu deponieren. Dies auch dann nicht, wenn man bedenkt, dass zu dieser Zeit die Mark etwa den fünffachen Wert eines heutigen Euro hatte. OMA war der Meinung: »Gebe dem Kaiser, was des Kaisers ist.«

Für uns Kinder war es vor allem wichtig, dass wir spielen konnten. Da stand freie Entfaltung an, und Spielsachen waren für viele Spiele gar nicht erforderlich. Oft haben wir »Verstecken«, »Nachlauf« oder »Räuber und Gendarm« gespielt – stundenlang. An OMAs Sprüche haben wir natürlich in den Zeiten des Spiels nicht gedacht. Diese hatten wir aber fest verinnerlicht, und für die meisten von uns hatte das Motto »Was du nicht willst, was man dir tu, das füg auch keinem andern zu« einen großen Stellenwert. Trotzdem wurde auch manchmal während des Spiels gestritten, und hier und da ging dies auch nicht ohne Verletzungen ab. Wie schön war dann der von OMA gespendete Trost: »Heile heile Gänschen, es wird alles wieder gut.« Bis heute ist mir noch gegenwärtig: »Das beste Pflaster ist ein Trostpflaster.«

Sehr oft haben wir auch »Hickelspiel« gespielt. Die hierzu benötigten Utensilien sind wirklich auch nur ganz minimal. Mit dem Bruchstück eines Dachziegels haben wir das dafür erforderliche Flächenraster auf die Straße gemalt und dann mit unendlich vielen Varianten mit dem Fuß einen Stein vom Start zum Ziel dieses Flächenrasters befördert. Dies geschah auf einem oder zwei Beinen, die manchmal auch überkreuzt wurden. Dabei hatten wir selten Schuhe an, denn Schuhwerk war teuer und durfte nicht unnötig verschlissen werden. Gespielt wurde also entweder barfuß oder mit Holzlatschen an den Füßen. Bei den Schuhen wurde zwischen den Sonntagsschuhen und den Alltagsschuhen unterschieden. Um den Verschleiß möglichst gering zu halten, wurden die Schuhsohlen der Alltagsschuhe mit speziellen Stahlnägeln, deren Köpfe etwa einen Durchmesser von fünf Millimeter hatten und mit ihrer Wölbung deutlich aus der Sohle herausschauten, versehen. Die Mädchen blieben aber meist von solchen Tretern verschont. Wenn die Schuhe verwachsen waren, gab es irgendwo einen Abnehmer, und man selbst hat dann auch von woanders solche bekommen. Weggeworfen wurden Schuhe nur dann, wenn auch der beste Schuster kapitulierte.

Auch unsere Strümpfe wurden immer wieder gestopft. OMA benutzte hierzu ein Stopfei, und es wurde so lange gestopft, bis teilweise vom ursprünglichen Strumpfgewebe nichts mehr zu sehen war, eine Stopfstelle an der anderen.

Im Zusammenhang mit unseren Spielen im Freien ist zu erwähnen, dass beinahe alle Straßen auch Spielstraßen waren, Autos gab es ja nur ganz wenige. Jedes Kind hatte einen Holzreifen. Wie konnte man herrlich mit einem solchen spielen! Zur Standardausrüstung gehörten auch Murmeln, ein Hüpfseil, ein Ball und auch mehrere kleine Holzkreisel, die uns der Drechsler um die Ecke angefertigt hat. Gerne habe ich dabei zugesehen. Mit einer selbst gebastelten Peitsche wurden die Kreisel in Schwung versetzt. Dies waren so unsere Spiele, und wir brauchten kaum mehr. Rundum waren wir glücklich und zufrieden, immer ausgelastet, und so konnten wir uns entfalten. OMAs These: »Lass die Vögelchen fliegen.« Jederzeit war auch die Gewissheit vorhanden, dass wir uns im Notfall ganz schnell in den Einflussbereich von Mutter und Großmutter begeben konnten.

In sehr guter Erinnerung habe ich noch einen großen Sandhaufen, der über viele Jahre auf unserem Grundstück gelegen hat.

Sommer 1945

Auf diesem haben wir oft über mehrere Stunden gespielt, meist bei strahlendem Sonnenschein und nur mit einer kurzen Hose bekleidet. Niemand wäre damals auf den Gedanken gekommen, dass sich eine ausgedünnte Ozonschicht nachteilig auf unsere Gesundheit auswirken könnte. Blütenpollen, Hundehaare und Hausstaub haben uns nichts ausgemacht. Die Welt war für uns in Ordnung, so haben wir es jedenfalls empfunden.

Ganz selten sind wir ins Freibad gegangen. Das mit der Seltenheit hatte seinen Grund darin, dass wir eine Station mit der Bahn fahren mussten, und dies kostete ja Geld. Schwarzfahren gab es damals nicht, das hätte schlimme Folgen gehabt! Außerdem musste noch der Eintritt bezahlt werden. Diese uns auferlegte finanzielle Einschränkung hat mich aber nicht weiter berührt, denn ich war ohnehin nicht die geborene Wasserratte, ganz im Gegenteil zu meiner Schwester. Immerhin ist es mir bei diesen seltenen Freibadbesuchen aber gelungen, mir ganz alleine das Schwimmen beizubringen. Jedes Mal ging das ein bisschen besser. Dieser Lernprozess hat sich über einen ganzen Sommer hingezogen, was ich daheim öfter beklagt habe. Dann hörte ich von meiner Mutter und von OMA, dass sie als Kinder zum Schwimmenlernen überhaupt keine Gelegenheit hatten. OMA tröstete mich in solchen Situationen mit einem: »Wer langsam schreit' kommt grad so weit.«

Sehr oft haben wir auch in einem nahe bei uns vorbeifließenden Bach gebadet. In einem daran angrenzenden kleinen Wald – auf stark ansteigendem Gelände – haben wir auch sehr oft gespielt. Einmal bin ich dabei von einem Baum gefallen und direkt in den Bach gekullert. Dies hatte zur Folge, dass anschließend zu Hause eine gründliche Reinigung stattfand. Das Bad zu Hause erfolgte in einer Waschbütte aus Zinkblech, denn ein Badezimmer war zur damaligen Zeit die absolute Ausnahme. Ort der Reinigung und Körperpflege war die Küche, als Seife wurde nur Kernseife verwendet. Deodorant gab es nicht, meine Mutter benutzte ganz selten den 4711-Zerstäuber, der auf der Frisierkommode im

Schlafzimmer meiner Eltern gestanden hat, immer neben einer Dose Nivea-Creme. In diesem Zimmer befand sich auch mein Bett, während meine Schwester ein eigenes kleines Zimmer hatte.

In jeder Familie gab es in der Regel ein Fahrrad. Das unsrige war ein Damenrad der Marke Opel und mit Vollballonreifen bestückt – Vorkriegsmodell. Meist fuhr meine Mutter darauf, dann aber auch nur zum Einkaufen. Uns Kindern diente dieses Fahrrad in erster Linie dazu, um Rad fahren zu lernen. Meine Schwester und ich waren uns dabei gegenseitig behilflich, im Großen und Ganzen haben wir uns aber auch diese Kunst selbst beigebogen. An eine Gangschaltung war in der damaligen Zeit noch nicht zu denken, die Übersetzung war aber relativ klein, so dass auch wir Kinder keine übermäßigen Probleme beim erforderlichen Kraftaufwand bekamen. Auf die Funktion von Klingel, Bremse und vor allem der Beleuchtung wurde besonders geachtet. Wurde man von der Polizei mit einem defekten Fahrrad erwischt, dann war eine mündliche Verwarnung das Mindeste, jedenfalls wurden vom Polizeibeamten Name und Anschrift notiert.

Einmal – ich mag neun oder zehn Jahre alt gewesen sein – bin ich sonntags zusammen mit meiner Mutter und meiner Schwester an den Rhein gefahren. Die beiden zusätzlich erforderlichen Räder haben wir uns bei Bekannten geliehen, und die Fahrt hat vierzehn Stunden in Anspruch genommen, über fünfzig Kilometer hin und ebenso viele zurück. Bestimmt haben wir zwei Stunden damit zugebracht, die Schiffe auf dem Fluss zu beobachten. Leider war der Sattel des Fahrrades meiner Mutter defekt. Meine Schwester und ich hatten am nächsten Tag nur unter einem Muskelkater zu leiden, aber meine Mutter hatte ein zusätzliches Problem! Meine OMA tröstete mal wieder mit ihrem obligatorischen »Heile heile Gänschen, es wird alles wieder gut«, was am übernächsten Tag auch tatsächlich der Fall war.

Ein schönes Vergnügen war es auch, wenn wir im Herbst mit den selbst gebauten Drachen über die Wiese tobten. Einziges Problem war die erforderliche Schnur, die relativ teuer gewesen ist, fünfhundert Meter waren aber keine Seltenheit. Gebastelt habe ich meine Drachen oft in der Schreinerwerkstatt meines Onkels, der direkt neben uns wohnte. Dazu konnte ich eine leer stehende Hobelbank und das sonst erforderliche Werkzeug benutzen, und ich konnte mir auch mal bei einem Gesellen Rat holen. Meist ging es aber nach dem Motto »Selbst ist der Mann«. Gerne sind wir auch mit Stelzen gelaufen. Deren Herkunftsort war ebenfalls die besagte Schreinerwerkstatt. Die kleineren Gegenstände wurden zu Hause gebastelt, am Küchentisch. Sehr oft habe ich dabei mit der Laubsäge hantiert, und zum Leidwesen meiner lieben Mutter deutliche Spuren am Tisch hinterlassen. Zu dieser Zeit hätte ich gerne Schreiner gelernt, später haben mich aber andere Talente eingeholt.

Bei schlechtem Wetter und in der Herbst- und Winterzeit haben wir uns meist im Haus aufgehalten. Ein separates Kinderzimmer gab es damals so gut wie überhaupt nicht. Gespielt wurde in der Küche, nur an Feiertagen auch im Wohnzimmer. Nun waren wir ganz automatisch in der Nähe von Mutter und Großmutter. Auch für diese »Innenspiele« waren wir nur sehr bescheiden ausgerüstet. Ich hatte eine hölzerne Burg mit Rittern aus Ton und Bleisoldaten, hergestellt von dem jungen Mann aus der Nachbarschaft, der uns auch so gut im Luftschutzkeller unterhalten hat. Ein Holzauto mit Anhänger und das dazu erforderliche Lademateriel in Form von Bauklötzen waren ebenfalls mein Eigentum. Gerne habe ich auch mit meinem Metallbaukasten gespielt. Als Zubehör hatte dieser einen Federmotor, so dass sich auch die Möglichkeit ergab, selbstfahrende Autos oder einen Kran, der Lasten heben konnte, zu bauen. Diese und andere Spiele haben die Möglichkeit eröffnet, ohne Ende kreativ zu sein. Mit meiner Märklin-Eisenbahn, die noch aus der Vorkriegszeit herübergerettet wurde, bin ich sehr vorsichtig umgegangen. Noch heute ist sie erhalten und manchmal spielt mein Enkel damit. Sie konnte damals auch nur dann mit ihren beiden Bahnhöfen aufgebaut werden, wenn das Wohnzimmer geheizt war. In der Küche war hierfür kein Platz.

Das Heizen in den Zimmern wurde mit einzelnen Öfen realisiert, Brennstoff waren Holz und Kohle. Geheizt wurde aber nur an Feiertagen, also regelmäßig auch zu Weihnachten. Da die Zimmer vor dem Heizen stark ausgekühlt waren, hat sich eine wohlige Wärme erst nach mehreren Stunden des Feuerns ausgebreitet. Einmal hat meine Mutter so stark gefeuert, dass das Ofenrohr glühte und sich die Tapeten im Bereich des Ofenrohres von der Wand lösten. Ein Zimmerbrand konnte nur noch im letzten Moment verhindert werden. Der in der Küche stehende Kohlenherd wurde täglich von morgens bis abends befeuert. In einem eingebauten Schiff, dies ist ein Wasserbehältnis, wurde warmes Wasser bevorratet.

Meine Schwester hatte einige Puppen, ein Sortiment von Puppenkleidern, hergestellt von Mutter und OMA, und einen Schrank hierfür sowie einen Puppenwagen. Zu Weihnachten wurde auch eine Puppenstube aufgebaut, die übers Jahr auf dem Dachboden gelagert wurde. Sehr oft haben wir »Mensch ärgere dich nicht« oder »Schwarzer Peter« gespielt und manchmal im Radio die Kinderstunde gehört. Die Anzahl der vorhandenen Bücher war nicht sehr groß, dafür haben wir sie aber mehrmals gelesen. Wenn es draußen frostig war, sind an den Fensterscheiben Eisblumen entstanden, zumindest in den nicht geheizten Zimmern. Für mich war dies immer ein kleines Wunder und ich habe mir sehr oft und lange die Eiskristalle angeschaut. Beobachtungsort war meist das mittlere Treppenhausfenster.

Es war jedoch nicht so, dass wir im Winter immer in der Stube gesessen hätten. Man muss hier sagen, dass die Winter damals meist sehr schneereich gewesen sind. Stundenlang sind wir gerodelt, mit einfachen Schlitten, sofern vorhanden. Wir wussten zwar, was Ski sind, besessen hat aber kaum jemand welche. Bei Temperaturen weit unter Null Grad Celsius, die manchmal mehrere Wochen anhielten, wurde der Bach angestaut und eine große Wiesenfläche überflutet. Die dadurch entstandene Eisbahn eröffnete ebenfalls viele Möglichkeiten, insbesondere für Kinder, die Schlittschuhe hatten. Dies waren nur sehr wenige, ich gehörte zur anderen Gruppe.

Nach solchen Tagen auf der Eisbahn war ein guter Schlaf in der Nacht garantiert. Spätestens um die zwanzigste Tagesstunde, für uns war dies acht Uhr, sind wir ins Bett gegangen, unabhängig vom davor liegenden Tagesablauf. In der kalten Jahreszeit legten Mutter oder Großmutter bereits am späten Nachmittag eine mit heißem Wasser gefüllte Bettflasche in unser Bett, so dass es schon beim Hineinlegen kuschelig warm war. Ein Gebet zusammen mit Mutter oder Großmutter war obligatorisch. Danach war Stille angesagt, denn »In Stille und Einsamkeit kann man Gott gut fühlen.«

Erwähnenswert scheint mir auch, dass wir schon als Kinder mit Arbeiten im und ums Haus betraut wurden. Zuerst geschah dies mehr spielerisch, mit zunehmendem Alter haben diese Arbeiten aber bezüglich Qualität und Quantität zugenommen. In diesem Zusammenhang hörte ich von OMA öfter die Sprüche »Es ist noch kein Meister vom Himmel gefallen« oder »Jeder hat mal klein angefangen.« Heute ist es mir klar: »Früh übt sich, wer ein Meister werden will.«

Viele Arbeiten wurden zusammen mit den Erwachsenen vorgenommen. Dies geschah meist ernsthaft, manchmal aber auch mit lustigen Phasen durchsetzt: »Was sich liebt, das neckt sich.« Dabei habe ich viele Sprüche von OMA gehört und viel dabei gelernt. In sehr guter Erinnerung ist mir noch das Aufwickeln von Großmutters und Mutters Wolle. Dabei wurden die Wollstränge über die ausgestreckten Arme eines der Beteiligten gelegt, und der andere hat die Wolle zu einem Knäuel aufgewickelt. OMA hat mir dabei viele Geschichten erzählt, vor allem von früher. Auch beim Zusammenlegen von Bett- und Tischwäsche war die Mitarbeit von uns Kindern erwünscht.

Es gab aber auch Arbeiten, die nur von Großmutter oder Mutter alleine erledigt werden konnten. Hierzu gehörte die »große Wäsche«, die so alle drei bis vier Wochen stattgefunden und einige Tage in Anspruch genommen hat. Damals gab es nur in seltenen Fällen eine Waschmaschine, was auch bei uns nicht der Fall gewesen ist. Meine Mutter hatte in der Regel drei Tage in der Waschküche zu tun. Viele Arbeitsgänge waren erforderlich und manchmal war meine Mutter vor lauter Wasserdampf nicht zu sehen, ihre Hände waren durch die Einwirkung der Waschlauge ganz schrumpelig. Nein, diese Waschtage mochte ich gar nicht, denn in dieser Zeit stand außer der Wäsche weiter nichts auf dem Programm. Zum Glück war immer meine OMA da!

Weit lieber als das Waschen war mir das Bügeln. Dies fand in unserer Küche statt, und vor allem im Winter konnte ich dieser Tätigkeit meiner Mutter viel Gemütlichkeit abgewinnen. Wenn die Wäsche vor dem Bügeln zu trocken geworden war, durfte ich meiner Mutter beim Anfeuchten helfen, meist habe ich jedoch auf dem Sofa gesessen und alleine oder auch mit eingeladenen Kindern gespielt, mit Mutter und Großmutter geredet oder ein Buch gelesen. Den von Mutter jährlich erstandenen sehr umfangreichen Jahreskalender unseres Bistums habe ich bei solchen Gelegenheiten mehrmals gelesen, der schönen Geschichten wegen.

Zweimal im Jahr kam die Hausschneiderin zu uns, was mir auch immer sehr gefallen hat. Sie war die Schwester meiner Mutter und sie war eine wahre Künstlerin, denn mit dem Wenigen, was an Materialien vorhanden war, hat sie die schönsten Kleider hergestellt. Stoffreste und aufgetrennte alte Kleider waren meist der Ausgangspunkt ihrer Produktionen, da neue Stoffe zu teuer oder zeitweise überhaupt nicht zu kaufen waren. Stundenlang konnte ich meiner Tante beim Arbeiten zusehen. Ich habe dabei oft neben der mit einer Fußwippe angetriebenen Nähmaschine auf dem Fußboden gesessen. Besonders haben mich die Fußwippe und die Riemenscheibe mit Treibriemen interessiert. Einmal habe ich mich zu nahe herangewagt und mir dabei die Finger eingeklemmt, was mir große Schmerzen verursacht hat. Die Trostphase auf dem

Schoß von OMA hat diesmal besonders lange gedauert: »Die Zeit heilt Wunden.«

Bei dieser Gelegenheit fällt mir noch eine weitere Begebenheit ein, bei der ich mich ebenfalls zu weit vorgewagt hatte: Von meinem Opa – dem Schmied – gab es noch die verschiedensten Utensilien aus seiner früheren beruflichen Arbeit, so auch eine handbetriebene Schleifmaschine. Deren große Schleifscheibe musste mit einer Handkurbel in Schwung versetzt werden, dann konnte man eine ganze Weile die gespeicherte Schwungenergie für Schleifarbeiten nutzen. Ich stellte mir aber vor, die sich mitdrehende Kurbel als Ersatzkarussell zu benutzen, mich also von ihr auf kreisförmigen Bahnen mitbewegen zu lassen. Folglich versuchte ich zu einem günstigen Zeitpunkt, nachdem ich den Schleifstein in Schwung versetzt hatte, auf die sich drehende Kurbel zu springen. Dies ist mir aber gründlich misslungen, und so hat mich dann meine Mutter einige Meter neben dem Schleifstein vorgefunden, laut wimmernd. Wieder war eine lange Trostphase notwendig.

Trotz der durch diese verschiedenen Techniken erlittenen Schmerzen bin ich später Ingenieur geworden. Hat dies etwas mit der frühkindlichen Motivation und Erfahrung zu tun oder ist es nur ein Zufall?

Bei vielen Arbeiten hat sich ein mir bis heute unvergessener Duft entwickelt, so auch beim Bügeln. Ganz besondere Düfte verbreiteten sich aber im Haus, wenn gebacken wurde. Dies war immer samstags der Fall, und man wurde dadurch schon von einer intensiven Vorahnung auf den Sonntag erfasst. Alle menschlichen Sinne waren gefordert, man war ganz und gar dabei. Obwohl die für das Backen erforderlichen Zutaten manchmal knapp gewesen sind, haben wir immer mal davon genascht. Einmal bin ich dabei in große Nöte gekommen, denn ein erhaschter Esslöffel Milchpulver wäre mir um ein Haar im Hals stecken geblieben. In Panik bin ich zu meiner Mutter gelaufen, die die Situation Gott sei Dank gleich erkannte, mich auf den Kopf stellte und durch kräftiges Klopfen auf meinen Rücken gerettet hat. Im Hochsommer wurden auch große, mit Mirabellen oder Zwetschgen belegte Blechkuchen gebacken. Auf den Backblechen wurden sie am Samstagmorgen zum Bäcker transportiert und dort gebacken. Bis zum Mittag konnte man sie wieder abholen. Vor allem beim Abholen waren wir Kinder immer dabei, wegen der überbackenen Kuchenränder. Diese knusprigen Köstlichkeiten wurden dann von uns »geerntet«, oft über das von Mutter zugelassene Maß hinaus.

Bezüglich der zum Backen erforderlichen Zutaten möchte ich es nicht unerwähnt lassen, dass wir glücklicherweise in der Zeit unmittelbar nach dem Krieg in der amerikanischen Besatzungszone gewohnt haben. Dadurch war die Versorgung doch einigermaßen sichergestellt, und so lässt sich auch die Sache mit dem mir beinahe zum Verhängnis gewordenen Milchpulver erklären. Trotz dieses Missgeschicks kann ich auch heute noch den Amerikanern nicht genug für ihr großzügiges Verhalten hinsichtlich unserer Versorgung danken.

Zu dieser Zeit gab es in unserer Nachbarschaft eine Möbelfabrik, die Einrichtungsgegenstände für die amerikanische Armee fertigte. Mit für uns zunächst unvorstellbar großen Lastwagen wurden diese Möbel von Soldaten abgeholt. Wir Kinder haben oft dabei zugeschaut. Insbesondere die farbigen Soldaten haben uns immer mal wieder ein Stück Schokolade oder einen Kaugummi zugesteckt. Noch heute fühle ich meinen Herzschlag von damals, denn anfänglich hatten wir vor den fremden Soldaten doch etwas Angst. Nie hätte ich vorher geglaubt, dass ein »Schwarzer« so gutmütig sein kann. OMA sagte: »Trau, schau, wem.«

Beim Thema Backen fällt mir auch wieder die Vorweihnachtszeit ein. In der gesamten Adventszeit lag eine besondere Spannung in der Luft, und auch die guten Düfte waren nicht zu verachten. Beinahe täglich hat dann meine Mutter gebacken, viele verschiedene Sorten Gebäck und auch Stollen. Wenn wir mal naschten, wurde dies meist großzügig übersehen. In dieser Zeit wurde an jedem Tag ein Türchen im Adventskalender geöffnet. Diese Kalender waren nicht so komfortabel wie heute, sie hatten einfache Bildchen, wurden selbst gebastelt und über mehrere Jahre verwendet. Noch heute hebe ich einen solchen Adventskalender auf dem Dachboden auf. Beim Öffnen jedes weiteren Türchens ist die Spannung und Neugierde auf das Weihnachtsfest täglich größer geworden. Ständig wurde deutlicher: »Es liegt was in der Luft.«

Auf dem manchmal glühenden Küchenherd wurden abends Äpfel gebraten oder selbst im Wald gesammelte Kastanien geröstet. Wenn Letztere vor dem Rösten nicht aufgeschnitten wurden, sind sie explodiert und mit einem lauten Knall vom Herd gesprungen. Diese lustige Situation haben wir manchmal bewusst herbeigeführt und dann ganz überrascht getan, als das Unvermeidliche geschehen ist. Dabei wurde ich einmal von einer heißen Kastanie am Auge getroffen. OMA sagte mit Unschuldsmiene: »Wo gehobelt wird, gibt's Späne.«

Das vorweihnachtliche Gefühl wurde auch noch dadurch verstärkt, dass in der Schule in jedem Klassenzimmer ein Adventskranz aufgehängt war. Noch bevor wir zum Beginn des Unterrichts »zwei und zwei« von unserem Lehrer in die Klasse geführt wurden, war dieser bereits in der Klasse und hatte – je nach Fortschritt der Adventszeit – eine, zwei, drei oder vier Kerzen angezündet. Diese wurden, nachdem wir gemeinsam ein Adventslied gesungen oder gebetet hatten, wieder gelöscht. Noch heute habe ich den Duft in der Nase, eine Mischung aus Kerzenrauch, Kernseife und Schwaden des Öls, mit dem der Dielenfußboden der Klassenräume gepflegt wurde. Alles war voller Harmonie, eine wahrlich gute Voraussetzung für den nun folgenden Unterricht.

Unvergessen sind mir auch die regelmäßig am Sonntag unternommenen Spaziergänge zusammen mit unseren Eltern, die sich zu diesem Anlass immer in Sonntagskluft geworfen haben. Auch wir Kinder wurden da fein herausgeputzt. Der Sonntag war halt ein besonderer Tag. Dies hat man auch den ganzen Tag über gespürt, so auch beim Essen. Der Speiseplan war von demjenigen der Werktage abgehoben. Zum Essen gab es beinahe immer ein Glas selbst gemachten Apfelsaft von eigenen Äpfeln, während an den Werktagen meist Leitungswasser oder Tee getrunken wurde. Zum Frühstück und Nachmittagskaffee gab es immer frischen Kuchen. Der Sonntag war ein Familientag, schön war es!

Sommer 1946

Die Geschenke zu Weihnachten sind eher spärlich ausgefallen, trotzdem gab es auch immer eine besondere Überraschung. OMAs Strickprodukte haben aber keine Überraschungseffekte ausgelöst, denn erstens waren sie obligatorisch und zweitens ist uns die Herstellung auch nicht verborgen geblieben. Gefreut haben wir uns aber trotzdem darüber.

Am wichtigsten war, dass wir zum Fest alle zusammen sein konnten. Dies war nur einmal nicht der Fall, denn mein Vater ist in diesem Jahr kurz vor dem Weihnachtsfest mit dem Auto tödlich verunglückt. Ausgerechnet hatten wir dann auch noch einen vom Wuchs unscheinbaren und krummen Weihnachtsbaum erwischt. OMA wird wohl gedacht haben: »Ein Unglück kommt selten alleine.« Wahrscheinlich war meine Mutter durch den Schmerz über den Verlust meines Vaters beim Kauf des Baumes nicht so konzentriert wie in den sonstigen Jahren. Das Bäumchen wurde dennoch schön mit Kugeln, Wachskerzen und Lametta geschmückt, und damit es wegen der verschobenen Schwerpunktlage nicht umgefallen ist, habe ich es an einem in die Wand geschlagenen Nagel mit einer Schnur festgebunden. Obwohl wir an diesem Weihnachtsfest alle sehr traurig waren, ist es uns trotzdem gelungen, einige Weihnachtslieder anzustimmen. An diesen Tagen habe ich die Anwesenheit meiner OMA besonders angenehm empfunden. Ich glaube, dass dies auch bei meiner Mutter und meiner Schwester der Fall gewesen ist. Alle haben wir gespürt: »Jeder hat sein Kreuz zu tragen!«

Weihnachten 1946

Aus heutiger Sicht ist es bemerkenswert, dass unsere »Hauptspielsachen« einige Tage vor dem Heiligen Abend verschwunden waren, sich aber jedes Mal zu unserer Freude wieder auf dem Gabentisch einfanden.

Besondere Tage waren auch die Geburtstage, egal ob es der eigene war, oder ob man zu einem anderen Kind eingeladen wurde. Meist gab es eine Buttercremetorte, die beinahe mit Andacht verzehrt wurde. Wer ganz dreist gewesen ist, hat sich zwei Stücke genommen. Ich erwähnte schon, dass damals vieles besser kalkulierbar war als heute. Dies war auch so mit den mitgebrachten oder mitgenommenen Geschenken. Man konnte sich darauf verlassen, dass es eine Tafel Waldbaur- oder Sarotti-Schokolade gab, die Frage war nur, ob mit oder ohne Nuss. Über viele Jahre hat eine solche Tafel Schokolade eine Mark und dreißig Pfennige gekostet, von einer jährlichen Teuerungsrate hat zu dieser Zeit niemand gesprochen.

In punkto Süßigkeiten wäre noch der Eis-Bernhard zu erwähnen, ein mit einer zur Eisdiele umgerüsteten großen Seitenwagenmaschine der Marke Motoguzzi über das Land fahrender Eisverkäufer mit italienischer Abstammung. Bernhard Zanetti kam jede Woche zweimal in unsere Straße, aber nur einmal kamen wir in den Genuss seiner herrlichen Produkte. Ein Bällchen war von Mutter gestattet, für zehn Pfennige, und ich habe immer Nusseis genommen. Ebenso kam wöchentlich der Wassermann zu uns. Mit einer Glocke hat er sich und sein von einem kleinen Pferd gezogenen Verkaufswagen angekündigt. Mehr als zwei Flaschen Sprudel und für meine Schwester und mich je eine kleine Flasche Limonade, die intensiv rot, grün oder gelb gefärbt war, waren da nicht drin, und das nicht einmal jede Woche.

Manchmal durften wir auch ins Kino gehen. Natürlich waren die Filme sehr gesittet, da haben die Eltern schon aufgepasst. Diesbezüglich gab es aber noch weitere Kontrollinstanzen. Ganz davon abgesehen, dass über das Kinder- und Jugendverbot von der Polizei gewacht wurde, gab es im speziellen Fall des bei uns ansässigen Kinos einen Kinobesitzer, der hierauf sehr geachtet hat, nicht nur um sich selbst Probleme zu ersparen, es war ihm ein echtes Anliegen. Obwohl dies alles über fünfzig Jahre zurückliegt, diesen Mann habe ich nicht vergessen! Er hat es sich nie nehmen lassen, die Kinder zur Kindervorstellung persönlich zu begrüßen. Dies war sehr lustig, wenn dabei eine ganze Traube von Kindern um ihn herum gestanden hat. Ich glaube, dass er diese Begrüßungszeremonien absichtlich in die Länge gezogen hat, dadurch wuchs die Spannung. Obligatorisch war dabei auch, dass vor der Vorstellung immer schon das eventuelle Reißen des Films angekündigt wurde, denn leider habe der Filmverleih wieder eine besonders schlechte Kopie geschickt. Meist ist auch das Missgeschick pro Vorstellung zwei- oder dreimal eingetreten, was von der Kinderschar mit lauten Missfallensäußerungen quittiert wurde. Es stimmt schon: »Undank ist der Welt Lohn.« Wenn es dann wieder weiterging, gab es aber einen ebenso lauten Beifall.

Im besagten Kino, aber auch manchmal in einem großen Saal eines Gasthauses oder in der Turnhalle, gastierte hin und wieder ein Puppentheater, was mich immer sehr beeindruckt hat. Mit einer Tante war ich einmal in einem großen Theater in der Stadt. Dies war etwa zwei Jahre vor Kriegsende, und es wurde ein Märchen aufgeführt: Der gestiefelte Kater. Es hat mich sehr beschäftigt, als mir mein Vater kurze Zeit später erzählte, dass dieses Theater völlig zerstört wurde, von Bomben getroffen. Kurz nach Beendigung des Krieges habe ich meinen Vater dazu überreden können, mir die Ruine des Theaters zu zeigen. Dieses Zeigen hat sehr dazu beigetragen, mir das Geschehene »von der Seele zu reden«, auch meine OMA hat mir dabei, so gut sie konnte, geholfen. Das zerstörte Theater wurde nie mehr aufgebaut, heute steht an dieser Stelle ein großes Bürohaus. Ich musste begreifen: »Vorbei ist vorbei.«

Bei uns in der Straße und auch ansonsten war es üblich, dass – zumindest zeitweise – in Gruppen unterschiedlichen Alters gespielt wurde. Die Älteren fühlten sich immer für die Jüngeren verantwortlich. Wir hatten dabei das Glück, dass es in der unmittelbaren Nachbarschaft zwei ältere Jungen gab, die in ihrer Kreativität kaum zu übertreffen waren. Einer davon war derjenige, der auch im Luftschutzkeller auf unsere psychische Not so positiv einwirkte. Dies fällt mir im Zusammenhang mit dem eben erwähnten Theater ein, denn das Spielen in der Kindergruppe ging hin bis zum Einstudieren von Theaterstücken. Meist war uns Kleineren aber nur die Zuschauerrolle zugeordnet. Als Bühne wurde der Wäscheplatz zweckentfremdet. Dort war es nämlich gut möglich, die ohnehin vorhandenen Wäscheleinen zum Aufhängen der »Bühnenumkleidung« und der »Dekorationen« zu verwenden.

Ich habe schon erwähnt, dass mein Heimatort nur wenige Kilometer von mehreren Großstädten entfernt war. So ist es zu Ende des Krieges nicht ausgeblieben, dass ausgebombte Menschen auch Zuflucht bei uns suchten. Mein Vater hat viele Menschen aus den brennenden Städten geholt, dazu war er wieder dienstverpflichtet, es war ihm aber auch eine Herzensangelegenheit. Trotz einer nicht üppigen Wohnungsgröße haben wir auch eine Familie in unserem Haus aufgenommen. Das war für meine Eltern eine Selbstverständlichkeit. Auf diese Notsituation wurde aber teilweise auch sehr hartherzig reagiert, auch von Menschen, die keinen Gottesdienst ausgelassen haben. Ebenso herzlich wurde bei uns auch eine Flüchtlingsfamilie aus den deutschen Ostgebieten aufgenommen. Noch heute haben wir mit dieser Familie aus Oberschlesien Kontakt, sie ist einige Jahre später ins Rheinland gezogen. Wir konnten es damals erleben: »Platz ist in der kleinsten Hütte.«

In der Schule haben wir noch im ersten Schuljahr mit einem Griffel auf der Schiefertafel geschrieben. Dies hatte pädagogische Gründe. Gleichzeitig wurden Stifte und Schulhefte gespart, denn diese Materialien waren knapp und teuer. Unsere Lehrer waren meist sehr streng, und in den Zeugnissen wurden auch die Eigenschaften Betragen, Fleiß und Aufmerksamkeit benotet. Wenn auch die damaligen Lehrmethoden der meisten Lehrer aus heutiger Sicht nicht unbedingt als ausgereift zu bezeichnen waren und die Fähigkeit, logisch zu denken, kaum geschult wurde, so haben wir doch eingesehen, dass das Erreichen eines guten Zeugnisses etwas mit den genannten Eigenschaften zu tun hatte. Obwohl das Pensum in der von mir besuchten Volksschule nicht allzu groß war, kann ich doch behaupten: Gelernt haben wir etwas, vor allem Manieren! Dies hatte auch seinen Grund darin, dass alle unsere Lehrer als Persönlichkeiten akzeptiert wurden, jeder auf seine Art, auch wenn es manchmal nicht sehr gerecht zugegangen ist, auf Lernbehinderte kaum Rücksicht genommen wurde und die Klassenverbände sehr groß waren. Unterrichtsausfall kannten wir nicht, denn unsere Lehrer waren so gut wie überhaupt nicht krank, und auch sonst waren sie sehr zuverlässig. Nur einmal ist ein Lehrer, den wir alle besonders schätzten, über mehrere Tage krank gewesen. Dies hatte seine Ursache darin, dass er anlässlich eines Winterausfluges von einer Schulkameradin mit dem Schlitten umgefahren wurde. Schwere Prellungen waren die Folge. Nach einigen Tagen kam er aber wieder auf Krücken zur Schule, und bei manchen Bewegungen hat er vor Schmerz das Gesicht verzogen.

Frühjahr 1951

Wenn man die damaligen Verhältnisse mit denen der Jetztzeit vergleicht, dann fällt auch auf, dass alle meine ehemaligen Lehrer bis zu einem Alter von 65 Jahren gearbeitet haben. Dies war aber nicht nur in der Schule so, eine Pensionierung fand immer erst mit diesem Alter statt.

Ein absolutes Tabuthema war damals die Sexualität. Weder in der Familie noch in der Schule wurde eine angemessene Aufklärung betrieben. Ich habe diesen Missstand – zumindest partiell – dadurch kompensieren können, dass ich das »Glück« hatte, ein zweibändiges medizinisches Werk »Die neue Heilmethode« zu entdecken. Dieses medizinische Werk war noch ein Überbleibsel meiner Großeltern väterlicherseits und ich habe es zufällig im obersten Fach des Schlafzimmerschrankes meiner Eltern vorgefunden, versteckt hinter den Hüten meiner Mutter. Die aufwendigen Lehrtafeln von Frau und Mann haben mich immer dann beschäftigt, wenn meine Eltern nicht zu Hause waren und wenn OMA in ihre Strickstrümpfe vertieft war. Am meisten hat mich an den Klapptafeln die oberste Schicht der Frauen interessiert.

Wahrscheinlich wäre eine vernünftige Aufklärung besser gewesen, dann wäre mir möglicherweise auch die Begegnung mit einem üblen Sittenstrolch erspart geblieben. Immerhin war es aber so, dass ich meiner Mutter so viel Vertrauen entgegengebracht habe, dass ich ihr von diesem Erlebnis berichtete. Der Mann wurde für seine Tat mit zwei Jahren und drei Monaten Zuchthaus bestraft.

Das damalige allgemeine Schulsystem bestand vor allem aus der achtjährigen Volksschule. Die weitaus überwiegende Anzahl der Schülerinnen und Schüler haben diese acht Jahre absolviert und danach hat sich eine Berufsausbildung angeschlossen. Die Möglichkeit, nach der vierten Klasse eine Mittelschule oder ein Gymnasium zu besuchen, wurde nur wenig in Anspruch genommen, obwohl dies vielen Kindern intellektuell möglich gewesen wäre. Aus meiner Klasse waren dies zwei Jungen, wovon einer nach kurzer Zeit wieder zurückgekommen ist. Bei den Mädchen war dies ähnlich gelagert. In den weiterführenden Schulen fand also wirklich eine Auslese nach dem Motto »in eine Literflasche kann man keine drei Schoppen füllen« statt. Bereits die schulische Ausbildung war so mit dem späteren Bedarf im Berufsleben im Einklang.

Die Hausaufgaben wurden am Küchentisch erledigt, unter Aufsicht von Mutter oder Großmutter. Diejenigen, die trotz vorhandener Intelligenz in der Volksschule geblieben sind, haben häufig im späteren Beruf ihre Chance genutzt. Möglichkeiten, auch dann noch weiterzukommen, gab es genügend, bis hin zu einem akademischen Beruf – was auch mir gelungen ist. Meist wurde damals in der Regelstudienzeit studiert und ohne die Möglichkeit, eine staatliche Unterstützung zu erhalten.

In diesem Zusammenhang muss ich allerdings feststellen, dass Kinder reicher Eltern zu dieser Zeit doch sehr im Vorteil waren. Aber wie ist es heute, geht es heute gerechter zu? Vor meinem Studium habe ich den Beruf eines Drehers erlernt und anschließend auch noch ein Jahr als Geselle gearbeitet. Die wöchentliche Arbeitszeit betrug damals 48 Stunden. Während dieser vier Jahre habe ich im Abendunterricht mein Bildungsdefizit, zumindest in wichtigen Teilbereichen, ausgeglichen. Dies geschah an fünf Abenden in der Woche. Ich bin dann direkt von der Arbeit zur Abendschule gefahren, im Sommer mit einem Moped und im Winter mit Bahn und Bus. Zu Hause war ich immer kurz nach 22 Uhr. Die manchmal nicht zu knappen Hausaufgaben habe ich am Wochenende erledigt.

Obwohl also der Faktor Zeit für mich eine Mangelware gewesen ist, gab es auch viele Stunden des Vergnügens. Ich habe schon mit fünfzehn Jahren die »Tanzstunde« absolviert, meine erste Freundin war gerade mal vierzehn, als ich sechzehn war. Auch hier habe ich mich an OMAs Weisheit gehalten: »Man sollte das eine tun, aber das andere nicht lassen.«

Die damaligen Lehrer in der Berufsschule waren ehemalige Meister und Ingenieure, die allesamt in früheren Jahren einen praktischen Beruf erlernt hatten. Sie waren deshalb auch meist in der Lage, sich in uns hineinzuversetzen. Sie wussten, wovon sie redeten, auch wenn es um praktische Lehrinhalte gegangen ist. Zweierlei habe ich in diesem Lebensabschnitt feststellen können: »Ohne Fleiß kein Preis« und »Umwege sind auch Wege.« Solche Umwege erfordern Durchhaltevermögen und führen zu einem erhöhten Erfahrungsschatz. Das Schöne an Erfahrungen aber ist, dass man sie an andere Menschen weitergeben kann. Es ist schon so: »Wir können nichts mitnehmen, wir können aber alle etwas hier lassen.«

Erwähnenswert ist auch das damalige Engagement der Sportvereine. Obwohl die materiellen Möglichkeiten als eingeschränkt zu bezeichnen waren, haben sich die Kinder- und Jugendwarte mächtig ins Zeug gelegt, so dass bei ihrer Klientel – trotz Mangel an Hallen und dem sonst Erforderlichen – etwas rübergekommen ist. Nach einem damaligen Jugendwart, den ich immer sehr bewundert habe, ist heute in unserer Stadt eine Sporthalle benannt. Anders als meine Schwester habe ich mich beim Sport aber sehr zurückgehalten, er war einfach nicht meine Sache und gezwungen wurde auch niemand, jedenfalls nicht im Sportverein. Sport wurde aber auch außerhalb des Sportvereins betrieben, vor allem haben wir Buben sehr viel Fußball gespielt. Hierfür haben mehrere Bolzplätze zur Verfügung gestanden, sehr oft hat das Spiel aber auch in unserem Hof stattgefunden. Dabei ist so manche Fensterscheibe zu Bruch gegangen, und dies gab dann richtigen Ärger. Dann haben wir uns mit schlechtem Gewissen in die selbstgebaute Holzhütte zurückgezogen und wieder neue Pläne ausgeheckt: »Neues Spiel, neues Glück.«

Auch den Kirchen ist es damals gelungen, die Kinder und Jugendlichen für allerlei zu begeistern, in großen Gruppen. Gerne habe ich die Gruppenstunden besucht, in denen oft spannende Geschichten vorgelesen wurden. Zweimal war ich auch mit im Zeltlager. Ich erinnere mich noch an viele schöne Spiele, bei Wind und Wetter.

Als Katholik habe ich auch das Angebot wahrgenommen, Messdiener zu werden. Einige Vorbereitungsstunden habe ich besucht. Entsprechend der damals üblichen katholischen Liturgie mussten große Passagen in lateinischer Sprache auswendig gelernt werden. Sicher hat dies nichts geschadet, ich konnte aber wegen der völlig ausbleibenden Erläuterungen den Sinn des auswendig Gelernten nicht deuten, und so wurde nur heruntergeplappert. Ich dachte mir: »Lange Rede, kurzer Sinn« und habe dies als einen schweren Mangel empfunden. Ähnlich wie in der Schule hat also das Reproduzieren gegenüber dem Denken sehr deutlich im Vordergrund gestanden. Heute weiß ich, dass dies der Grund dafür gewesen ist, mir ganz allmählich die Freude an der Sache zu verderben, obwohl ich anfänglich doch so sehr motiviert gewesen bin. Als mir dann noch vor dem Altar die Einübung einer Richtungsänderung, die sehr zackig erwartet wurde, misslang, und ich dafür übermäßig scharf gerügt wurde, habe ich dies mit einem sehr vernehmlichen l.m.a.A. kommentiert. Das war dann das schnelle Ende der Messdienerzeit, was mich kurzzeitig aus dem seelischen Gleichgewicht gebracht hat und erkennen ließ, dass OMAs Motto »Gottes Mühlen mahlen langsam« offenbar manchmal nicht zutreffend ist. Da fällt mir auch noch OMAs »Reden ist Silber, Schweigen ist Gold« ein. Ich bin heute noch froh darüber, dass ich geredet habe, denn: »Man sollte nicht ja sagen, wenn man nein meint.«

Im bereits erwähnten, am Bach angrenzenden kleinen Wald habe ich auch meine ersten Zigarettenzüge gemacht. Die brennende Zigarette wurde mir von einem wesentlich älteren Jungen angeboten, ich war gerade mal neun. Mir wurde dabei so schlecht, dass ich beinahe umgefallen wäre, und mir hat dieses erste Probieren die Lust auf weitere Aktivitäten bezüglich Nikotinkonsum für einige Jahre gründlich verdorben, wenigstens war aber meine Neugierde befriedigt. Trotzdem habe ich als junger

Mann für einige Jahre geraucht, Zigaretten und Pfeife. Dem muss man aber zugute halten, dass in dieser Zeit die Menschen so gut wie nicht über das enorme Gesundheitsrisiko aufgeklärt waren.

Auch bezüglich Alkohol hat sich bei mir einmal ein Problem ergeben, und zwar auch wieder dadurch, dass ich auf dessen Wirkung sehr neugierig gewesen bin. Auch diese Neugierde konnte leicht befriedigt werden, denn damals war in unserer Gegend beinahe jede Familie im Besitz von selbst gekeltertem Apfelwein. Dieser lagerte in mehreren großen Korbflaschen in unserem Keller, und es hatte nur einer guten Gelegenheit bedurft. Diese hat sich ausgerechnet an einem Heiligen Abend ergeben. Meine Mutter war mit einer anderen Mutter, die ebenfalls in unserem Haus wohnte, in der Christmette. Da ich wegen einer Erkältung zu Hause bleiben musste, wurde mir und meinem Freund, dem Sohn der anderen Mutter, gestattet, noch gemeinsam in unserer Wohnung zu spielen, sozusagen unter dem Weihnachtsbaum. Dort haben wir beide nach reichlichem Apfelweingenuss gelegen, als unsere Mütter nach Hause kamen. Meine Krankheit hat sich für einige Tage noch wesentlich verschlimmert. OMA sagte: »Im Wein liegt die Wahrheit.« Noch viele Jahre danach habe ich keinen Tropfen Alkohol mehr angerührt.

Ich habe noch von einer weiteren schändlichen Tat meiner Kindheit zu berichten, denn ich wurde leider auch mal zum Dieb, was mich lange nicht mehr losgelassen hat. Dazu muss ich berichten, dass ein Nachbar über mehrere Jahre in unserem Hof einen aus der Vorkriegszeit stammenden Personenkraftwagen abgestellt hatte, Marke Opel P4. Nur selten wurde er gefahren. Nach der Fahrt wurde von unserem Nachbarn grundsätzlich der Schlüssel abgezogen. Dies hat es für mich unmöglich gemacht, den Wagen selbst einmal in Gang zu setzen, wonach es mich aber in zunehmendem Maß gelüstete. Durch wiederholtes Zuschauen – auch wenn ich mit meinem Vater mit dem Auto gefahren bin – war ich fest davon überzeugt, die Fahrkunst zu beherrschen. Dies änderte jedoch nichts an der Tatsache, dass mir der Schlüssel für den besagten P4 fehlte. Unverhofft ist dann doch das Unwahrscheinliche eingetreten: Ich war mit meinem Vater in einer bei uns ansässigen Schlosserei. Während mein Vater dem ihm sehr gut bekannten Schlossermeister einen Auftrag erteilte, bin ich im Gelände der Schlosserei herumgelaufen, und dort stand doch tatsächlich ein ebensolcher P4 wie bei uns zu Hause, mit nicht abgeschlossenen Türen und steckendem Schlüssel. Mit ungeheurer Geschwindigkeit ist dieser Schlüssel in meine Tasche gewandert, und ich konnte nicht schnell genug nach Hause kommen. Leider aber Fehlanzeige, denn der Schlüssel passte natürlich nicht. Die schnell entdeckte Tat wurde in einem mehrstündigen Verhör durch meinen Vater und den Schlossermeister aufgeklärt. Dies hatte für mich zur Folge, dass ich hart bestraft wurde, mit Schlägen auf den Hintern – wirklich das einzige Mal. Außerdem musste ich für vier Wochen beim Schlosser die Straße kehren. Dadurch wurde aber nicht verhindert, dass auch wir in späterer Zeit gute Freunde geworden sind. Hier war es wieder OMA, die versuchte die Tat etwas zu relativieren: »Gelegenheit macht Diebe.« Nie hätte sie gesagt »Die Katze lässt das Mausen nicht«, denn sie wusste, dass dies meinerseits ein einmaliger Ausrutscher gewesen ist.

In der damaligen Zeit wurde auch sehr auf Regeln des Umganges miteinander geachtet. Wir lernten schon beizeiten, Verwandte und Bekannte zu grüßen. Vorsichtshalber grüßte ich aber auch alle mir Unbekannten. Zuerst war dieses Grüßen mehr eine mechanische Sache, mit der Zeit habe ich aber begriffen, dass es auch etwas mit dem Respekt vor anderen Personen zu tun hatte. Es wurde damals sehr viel mehr Rücksicht aufeinander genommen. Kinder hatten in Bahn und Bus alten und kranken Fahrgästen die Plätze zur Verfügung zu stellen. Das wurde ohne Murren getan, ebenso wie man einander die Tür aufgehalten hat und ebenso wie das »schwache Geschlecht« grundsätzlich den Vortritt hatte. Wenn mich meine OMA mit einem »Alter geht vor« ermahnte, dann hatte dies absolut nichts mit Eigennutz zu tun, denn eigennützig war sie nicht. Sie hätte mir aus Liebe sicher auch ihren Sitzplatz zur Verfügung gestellt und für mich gestanden. Heute weiß ich, dass ihre Ermahnungen auch auf ihre Liebe zu mir zurückzuführen waren, selten war dabei ein strenger Unterton herauszuhören.

Ein besonderes Thema meiner Kindheit war das Essen. Dies habe ich schon angedeutet, denn in »schlechten Zeiten« muss nun mal gegessen werden, was gerade da ist. Gemüse und Kartoffeln sind eigentlich immer da gewesen, Beilagen gab es spärlich, oft war es ein Ei in verschiedenen Varianten. Offenbar haben wir gesund gelebt, denn dicke Kinder gab es überhaupt nicht. Ich habe auch schon erwähnt, dass mein Vater, der eine Spedition betrieben hat, in der Kriegszeit und auch noch einige Jahre danach dienstverpflichtet war. Ein Teil seiner Tätigkeit hat darin bestanden, den Lebensmittelhandel und vor allem die Metzgereien logistisch zu versorgen. Dadurch hat es sich ergeben, dass doch dies und das an Essbarem mit nach Hause gebracht wurde. Insofern ist zumindest in unserer Familie das Thema Essen nicht zu einem Drama ausgeufert.

Nun war es aber keineswegs so, dass das Mitgebrachte alleine von unserer Familie verzehrt wurde, und es waren auch keine übergroßen Mengen, leider auch keine Süßigkeiten; alles wurde mit anderen, die nicht zur engsten Familie gehörten, gerecht geteilt. Dies waren so im Wesentlichen die Leute aus der näheren Umgebung, Verwandte und Bekannte. Manchmal fand das Teilen auch im Luftschutzkeller statt, so dass die Stimmung etwas aufgehellt wurde. Da, auf engstem Raum, konnte man es erleben: »Geteilte Freude ist doppelte Freude.«

Die Mahlzeiten wurden immer zu festen Zeiten eingenommen. Mittagessen gab es, wenn wir aus der Schule kamen. Wenn es einmal an Pünktlichkeit mangelte, war von OMA zu hören: »Wer nicht kommt zur rechten Zeit, der muss nehmen, was übrig bleibt.« Manchmal sagte sie aber auch: »Pünktlichkeit ist fünf Minuten vor der Zeit.« Vor dem Essen wurden die Hände gewaschen und alle haben gemeinsam mit dem Essen angefangen. Gegessen wurde am großen Küchentisch, nur an Festtagen im Wohnzimmer und dann auch mit dem »guten Geschirr« und Silberbesteck. Der Tisch war Ort der Zusammenkunft und Kommunikation.

Ach ja: Nach dem Essen gab es meist einen Löffel Lebertran. Diese schrecklich schmeckende Flüssigkeit musste kühl aufbewahrt werden, andernfalls wäre sie ranzig geworden. Da es damals aber in den Haushalten keinen Kühlschrank gab, stand der Lebertran immer im kühlen Keller oder auf der Kellertreppe. Scherzhaft sagten wir dann: »Oben hui und unten pfui.« OMA musste dann lachen, denn sie hat diesen Spruch öfter in einem völlig anderen Sinn verwendet.

Viel wäre noch aus früheren Zeiten zu erzählen. Dabei kommt es mir aber überhaupt nicht auf Quantität und Vollständigkeit an, entscheidend ist vielmehr die Vermittlung des Zeitgeistes und der wirklichen Qualität des damaligen Lebens. Nur wenn dies gelungen ist, kann beim Vergleich mit der Jetztzeit der Ansatz zur Beantwortung der Frage nach dem Einfluss der Familie auf die kindliche Erziehung und damit auf die spätere Leistungsfähigkeit in Schule und Beruf gefunden werden.

Jetzt

Was in den früheren Jahren trotz oftmals äußerst widriger Umstände alles möglich oder nicht möglich war und was so alles bestens oder überhaupt nicht funktionierte, habe ich versucht darzustellen – kurz, knapp und exemplarisch. Mir war es dabei wichtig, die wesentlichen Lebensinhalte einer Durchschnittsfamilie zu beschreiben, an von mir selbst Erlebtem. Ich bin mir sicher, dabei den statistischen Mittelwert von damals ziemlich genau getroffen zu haben, möchte aber nicht verhehlen, dass es natürlich auch in der damaligen Zeit mehr oder weniger große Abweichungen vom Mittelwert des Sozialgefüges nach oben und unten gegeben hat, so wie dies immer der Fall sein wird und was bei Mittelwerten auch naturgemäß so ist.
    Eigentlich erübrigt es sich, auf die Gegenwart einzugehen, denn sicher wird man automatisch beim Lesen der damaligen Gegebenheiten mit den heutigen Verhältnissen vergleichen. Der Unterschied in der »Kinderstube« zwischen damals und jetzt dürfte also bereits jetzt jedem deutlich geworden sein. Dennoch möchte ich auf typische Verhaltensweisen und Sachverhalte von heute eingehen, denn dadurch erhoffe ich mir ein noch deutlicheres Erkennen der Gegensätze. Dabei kommt es mir überhaupt nicht auf die Entwicklungsphasen in diesem Zeitraum an. Wesentlich ist mir lediglich, die Unterschiede der Lebensart innerhalb einer Zeitdifferenz von etwa fünfzig Jahren deutlich zu machen, so wie ich es bereits im Vorwort angedeutet habe.

Beim Beschreiben der damaligen Zeit habe ich hoffentlich nicht den Eindruck erweckt, dass früher alles besser war. Dies wollte ich ausdrücklich nicht und ich habe dies auch schon erwähnt, und es war ja auch wirklich nicht der Fall. Vielmehr kann durch objektive Vergleiche festgestellt werden, dass es uns rein volkswirtschaftlich noch nie so gut gegangen ist wie in den letzten Jahrzehnten. Wir haben uns zu einer Wohlstandsgesellschaft entwickelt, obgleich immer mehr Menschen unter die Armutsgrenze abgleiten. Letzteres wird aber von unserer Ellenbogengesellschaft kaum zur Kenntnis genommen, vielmehr lebt man seine Möglichkeiten aus. Mir fällt da wieder meine OMA ein: »Wenn's dem Esel zu wohl wird, geht er aufs Eis tanzen.«

Ich möchte dies nicht verallgemeinern, sondern wieder einer statistischen Betrachtungsweise unterzogen wissen, das heißt, auf durchschnittliche Verhältnisse bezogen. Und so gesehen sind wir nicht nur eine Wohlstandsgesellschaft, sondern wir sind auch zu einer »Spaßgesellschaft« geworden. Besser muss man sagen, dass wir zu einer Spaßgesellschaft verkommen sind, da beißt die Maus den Faden nicht ab. Dieses Unwort ist längst im allgemeinen Sprachgebrauch zu finden, jeder redet von dieser »Gesellschaftsform« und sie wird uns auch vielerorts von Personen vorgelebt, die eigentlich Vorbild sein sollten. Damals war es so, dass den Menschen manches Mal der Spaß vergangen ist, da will ich gar nicht nur vom Krieg reden, denn dies war auch so zwischen den Kriegen und in den Zeiten davor und unmittelbar nach dem Zweiten Weltkrieg auch. Könnte hier der Grund dafür zu suchen sein, warum damals das Wort »Familie« so hoch im Kurs gestanden hat? Die Familien mussten einfach näher zusammenrücken, innerhalb und auch untereinander! Es kam sehr darauf an, dass möglichst jeder »funktionierte«, denn Ausfälle jeglicher Art hätten Reserven erfordert, die es nicht gab, in keinerlei Hinsicht. Die Erziehung war dementsprechend, immer bestimmt aber wohlwollend. Ich habe sie nie als autoritär empfunden, sondern als angemessen und vernünftig.

Dass sich bei mir ein solches Empfinden einstellte, hat wohl auch daran gelegen, dass es meinen Erziehern kaum am nötigen Fingerspitzengefühl mangelte und dass sie selten die »individuelle Bandbreite« außer Acht gelassen haben. Auch in der Erziehung galt: »Der Zweck heiligt die Mittel.« Wir wussten, wo es lang geht, und dennoch konnten wir uns frei entfalten. Meine Erziehung war aber auch nicht antiautoritär, Gott sei Dank, denn wir kennen heute die Ergebnisse dieser Erziehungsmethode, die eigentlich überhaupt keine Methode ist. Erinnern wir uns daran: »Die Wahrheit liegt in der Mitte.«

In der Jetztzeit dagegen ist also Spaßgesellschaft angesagt. Nur manches Mal ist es auch heute so, dass einem der Spaß vergeht. Dies war beispielsweise auf breiter Front der Fall, als die PISA-STUDIE ruchbar wurde. Auch dann kann einem der Spaß vergehen, wenn trotz ausgefeilter Erziehungswissenschaften ein ständig größer werdendes Erziehungsdefizit festzustellen ist. Viele Beispiele zeigen dies, kaum noch wird auf den anderen Rücksicht genommen.

Und was hat man noch hinzuzufügen, wenn die aktuelle Statistik ausweist, dass jedes fünfte Kind unter einer Verhaltensstörung leidet? In vielen Fällen geht es nicht mehr ohne den Therapeuten oder die Verordnung von Psychopharmaka. Kinder leiden heute unter Erwachsenenkrankheiten, die klassischen Kinderkrankheiten Mumps, Röteln oder Masern sind in den Hintergrund getreten. Die Kinderärzte müssen sich heute immer mehr mit Müdigkeit, Konzentrationsschwäche, Gereiztheit, Überforderung, Einsamkeit und Angstzuständen ihrer kleinen Patienten auseinander setzen. Die Tablette vor einer Klassenarbeit, manchmal auch der unkontrollierte Griff in den Tablettenschrank der Eltern, ist bei vielen Kindern und Jugendlichen obligatorisch.

Der Einstieg in den Zigaretten- und Alkoholkonsum und auch in den Konsum von Drogen ist bereits im Kindesalter keine Seltenheit mehr und diese Dinge verlagern sich im Lebenslauf immer weiter nach vorne. So sind 16 Prozent der Kinder mit 11 Jahren regelmäßige oder gelegentliche Alkoholkonsumenten, im Alter von 12 Jahren sind es bereits 36 Prozent, und ähnlich verhält es sich auch mit dem Zigarettenkonsum. Es handelt sich dabei keinesfalls um ein Probierverhalten, diese Kinder sind bereits fest eingestiegen. Bezüglich des Einstieges in harte Drogen registriert man in Deutschland jährlich über 20.000 Erstauffällige, und in der gleichen Zeitspanne werden etwa 2.000 Todesfälle, die auf die

Einnahme harter Drogen zurückzuführen sind, registriert. Ebenfalls pro Jahr werden 42.000 Todesfälle gezählt, die durch Alkoholkonsum verursacht wurden, und pro Jahr sind es 117.000, die dem Genuss von Tabak zum Opfer fallen. Es ist geradezu unfassbar: Die Kosten, die durch tabakbedingte Krankheiten und Todesfälle anfallen, belaufen sich in Deutschland im Jahr auf über 15 Milliarden Euro. 22 Prozent der Todesfälle bei Männern und 5 Prozent der Todesfälle bei Frauen sind dem Rauchen anzulasten. Bei diesen Zahlen ist es ein Hohn, dass die Tabakwerbung nicht verboten wird, insbesondere wenn man bedenkt, dass Kinder und Jugendliche hierfür besonders anfällig sind. In Deutschland werden für derartige Werbemaßnahmen jedes Jahr über 300 Millionen Euro ausgegeben. Ein weltweites Verbot der Tabakwerbung ist erst kürzlich am Widerspruch der USA und Deutschlands gescheitert. Neben der Produktion schwerer Krankheiten und vieler Todesfälle werden so natürlich auch – zugegebenermaßen – Arbeitsplätze erhalten. Vor allem auch die enormen Steuereinnahmen des Staates sind wirklich der Rede wert: jährlich etwa 12 Milliarden Tabaksteuern und gut 3 Milliarden Alkoholsteuern. Noch eine weitere interessante Zahl: Jährlich fließen dem Fiskus über 4,5 Milliarden Euro Einnahmen aus Glücksspielen zu. In der Glücksspielbranche sind den Geldspielautomaten etwa 20 Prozent Anteil zuzuordnen. Die Zahl der Spielsüchtigen wächst ständig. Bezüglich Geldspielautomaten geht man in Deutschland mittlerweile von etwa 4,6 Millionen aktiven Spielern aus. Bei etwa 30.000 dieser Spieler liegt ein pathologisches Spielverhalten vor. In jüngster Zeit ist auch das krankhafte Verhalten beim Umgang mit dem Internet untersucht worden. Mittlerweile sind in Deutschland weit mehr als eine Million Menschen süchtig nach dem Internet. In der Tat: bei diesen Zahlen vergeht einem der Spaß.

Vergeht einem nicht auch dann der Spaß, wenn die Umwelt immer mehr verseucht wird? Hauptsache, die Kohlen stimmen. Da stört es auch kaum, wenn heute schon bis zu einem Drittel eines Jahrganges von Kindern und Jugendlichen an Allergien leiden.

Man tröstet sich mit Süßigkeiten und sonstigen ungesunden Fressalien. Was soll's auch, denn man gehört ja ohnehin zu den fünfzig Prozent der jungen Leute mit Übergewicht.

Uns vergeht auch der Spaß, wenn trotz ständig steigender Steuern und Abgaben der Staat immer weniger imstande ist, seinen Verpflichtungen den Bürgern gegenüber nachzukommen. Beinahe täglich erreichen uns Hiobsbotschaften. Der Staat ist nicht mehr verlässlich, für die Bürger nicht mehr kalkulierbar. Von einer Vorbildfunktion der Politiker kann meist schon lange nicht mehr die Rede sein, täglich hört man von Korruption und schlimmeren Dingen. Bonusmeilen und Dienstfahrzeuge privat genutzt sind da schon nicht mehr der Rede wert. Jeden Tag werden wir belogen und betrogen. Meine OMA hätte da gesagt: »Da ist guter Rat teuer.«

Wen wundert es also, wenn sich der Standpunkt des Bürgers »du kannst mir mal den Buckel runter rutschen« gegenüber dem Staat immer weiter ausbreitet? Kann man nicht auch ein bisschen verstehen, dass die Leistungsbereitschaft nicht gerade angefacht wird, wenn die Leistungen der Bürger ignoriert und die Leistungsträger durch unser Steuersystem abgestraft werden und sich demzufolge die Erkenntnis »Es ist alles für die Katz« auf ständigem Vormarsch befindet? Kann man es den Leuten verdenken, wenn sie sich, angesichts der Steuer- und Abgabenlast, mit Schwarzarbeit eindecken oder es zulassen, dass bei ihnen Schwarzarbeiter tätig werden?

Die Untätigkeit, ja Ohnmacht des Staates schmerzt umso mehr, wenn man bedenkt, dass es in den Jahren des Überflusses leicht möglich gewesen wäre, sich ein dickes finanzielles Polster zuzulegen, sagen wir nur einhundert Milliarden Euro – wesentlich mehr wäre sicher möglich gewesen! Jeder für sich, seine Familie oder für eine Wohngemeinschaft Verantwortliche verhält sich nach diesem soliden Mechanismus, und meine OMA tat dies auch: »Spare in der Zeit, dann hast du in der Not.« Dies ist aber nicht geschehen und wir werden deshalb heute vom Staat dafür zur Kasse gebeten. Wäre es wenigstens gelungen, die jährlich vom Bundesrechnungshof und den Landesrechnungshöfen festgestellten, von der öffentlichen Hand verschwendeten Beträge auf die hohe Kante zu schaffen, unser Staat wäre wohlhabend und man bedenke: Die veröffentlichten Zahlen sind nur die Spitze des Eisberges.

Jährlich wird ein Schwarzbuch des Bundes der Steuerzahler herausgegeben, und zwar unter dem Titel »Die öffentliche Verschwendung«. Die dort nachzulesenden Fallbeispiele lassen einem die Haare zu Berge stehen. Gemeinsames Motto: »Es ist ja nicht mein Geld.« Die Schulden der öffentlichen Hand sind gigantisch. Letztendlich sind es aber die Schulden eines jeden, man nennt sie die Pro-Kopf-Verschuldung. Diese setzt sich aus mehreren Posten zusammen, resultierend aus den Schulden des Bundes, den Schulden des jeweiligen Bundeslandes und den Schulden der betreffenden Kommune. Jeder Bürger trägt also Bundesschulden, Landesschulden und kommunale Schulden auf seinen Schultern. So hat beispielsweise jeder Hesse etwa 7500 Euro Landesschulden zu tragen, in den anderen Bundesländern ist es mal mehr, mal weniger, immer aber erheblich. Hinzu kommen – wie gesagt – die Bundesschulden und die kommunalen Schulden, schwindlig kann es einem da werden.

Wenn heute der Staat jede dritte Mark seiner Einnahmen für Zinsen ausgeben muss und sich ständig neu verschuldet, jedes Jahr mit vielen Milliarden Euro, dann muss dies immer weiter zum Stillstand führen, und nach OMA wissen wir: »Stillstand ist Rückgang.« Ja, da vergeht einem der Spaß!

Nun ist Spaßgesellschaft an sich nichts Schlimmes, denn Spaß gehört zum Leben. Er ist Bestandteil des Lebens, aber auch wirklich nur ein Bestandteil. Wenn die Spaßphasen jedoch ausufern, wenn man sozusagen um des Spaßes willen lebt, haben andere wichtige Phasen, beispielsweise die erzieherischen oder die kreativ-produktiven Phasen, zu wenig oder überhaupt keinen Platz mehr. Dadurch flacht das Dasein immer mehr ab und zwangsweise stellt sich in vielen Fällen Müßiggang ein, und »Müßiggang ist aller Laster Anfang«. Es wird dann nicht mehr erfahren, dass produktive und kreative Phasen letztendlich zur Lebensfreude führen. Auch dies ist Spaß, aber Spaß anderer Qualität, es ist ein Glückszustand. Einfach schön ist es, wenn man etwas Sinnvolles und auch für andere Nützliches zustande gebracht hat. Man lebt dann auf einem höheren Level, mit freudiger Grundstimmung.

Je früher Kinder diese Erfahrungen machen, desto mehr werden sie später geneigt sein, ein sinnvolles Leben zu führen, mit Spaß am Leben und Hingabe zum eigenen Tun. Davon bin ich überzeugt und hierfür gibt es auch noch gelebte Beispiele. Meine OMA sagte immer: »Kannst du was, dann bist du was«, aber ohne jeden überheblichen Ton. Ein solcher wäre auch sofort mit einem »Einbildung ist auch eine Bildung« oder »Wer angibt, hat's nötig« quittiert worden.

Offenbar scheint es aber so zu sein, dass Kinder behutsam und individuell in diese Richtung geführt werden müssen, und diese Führung muss früh beginnen. Sie wird als Erziehung bezeichnet. Dies sind wichtige Postulate in den Erziehungswissenschaften. In diesem Zusammenhang sollte man einmal bedenken, dass es beispielsweise Kleinkindern ohne Schwierigkeit möglich ist, drei Sprachen parallel zu erlernen und diese später auch akzentfrei zu sprechen.

OMAs Sprüche, Weisheiten und Redewendungen haben in meinem speziellen Fall einen großen Beitrag zu meiner Erziehung geliefert. So bin ich heute einer, der viel Spaß hat, auch an seiner Arbeit. In vielen Situationen muss ich allerdings auch OMA zur Kenntnis nehmen und ich sage mir dann: »Jetzt hört der Spaß auf.« Ein »Alles zu seiner Zeit« wäre in einer solchen Situation ebenfalls angebracht.

Unbestritten ist es mit der Erziehung – unabhängig von der Methode – so, dass sie einen mehr oder weniger großen Zeitaufwand und Hingabe des Erziehenden erfordert. Dieser Zeitaufwand wird aber heute sehr oft nur noch vermindert oder auch überhaupt nicht mehr erbracht, obwohl er tausendfache Zinsen erbringen kann. Dieses »schuldig bleiben« ergibt sich oftmals aus

77

der Familiensituation, oftmals aber auch aus Nachlässigkeit oder Gedankenlosigkeit, oder weil es die Erziehenden selbst nicht mehr anders kennen gelernt haben. Sicher spielt auch da und dort purer Egoismus der für die Erziehung Verantwortlichen eine Rolle. Dies ist dann überhaupt nicht mehr zu verstehen, und dies merken sich Kinder auch für die Zukunft. Das Verhältnis zwischen Kind und Erziehendem geht dann einfach langsam, aber sicher kaputt, dauerhaft! Auch hier soll keinesfalls verallgemeinert werden, es ist wieder die statistische Denkweise gefragt.

Nehmen wir diese Aussagen zunächst so hin, greifen sie aber später nochmals auf, nachdem erst einiges über die heutige Lebensart, das »Jetzt«, gesagt worden ist. Dies möchte ich aus der Sicht der erziehenden Person, vor allem aber auch aus der Sicht des Kindes und des Jugendlichen – soweit mir dies als Erwachsenem überhaupt möglich ist – tun, und zwar wieder kurz, knapp und exemplarisch.

Genau wie damals ist für Kinder auch heute noch das Spielen von elementarer Wichtigkeit. Dies wird auch so bleiben. Wenn es sich um das richtige Spielzeug handelt – was individuell bei Kindern sehr unterschiedlich ist –, werden dabei Konzentrationsfähigkeit, soziales Verhalten und Kreativität entwickelt und dauerhaft geprägt. Alleine schon mit der eben erwähnten Tatsache, dass bei Kindern individuelle Unterschiede bestehen – die bei allen erzieherischen Maßnahmen berücksichtigt werden sollten – kann bewiesen werden, dass heute in vielen Fällen von den Erziehenden große Fehler begangen werden. Denn wo bleibt beispielsweise das Individuelle oder die Möglichkeit, die Konzentrationsfähigkeit zu schulen, wenn Kinder von morgens bis abends vor einem Fernsehgerät sitzen oder auch nur ständig der laufenden Kiste ausgesetzt sind? Dies ist aber in vielen Fällen so. Neueste Untersuchungen haben ergeben, dass in Deutschland jedes Kind durchschnittlich über zwei Stunden am Tag vor der Glotze sitzt. Alle bekommen das Gleiche übergestülpt, unabhängig vom Alter und sonstigen individuellen Gegebenheiten.

Ich habe solches als Beispiel in der Nachbarschaft jeden Tag vor Augen. Es lässt sich nicht vermeiden, dass ich beim Blick aus dem Fenster in einer Wohnung des Nachbarhauses, egal wann ich hinschaue, von morgens sieben Uhr bis spät abends das eingeschaltete Fernsehgerät sehe, meist mit verfilmten Comics bestückt. Die Kinder sitzen davor, zumindest spielen sie in besagtem Zimmer. In diesem Fall kann ich allerdings mit gutem Gewissen unterstellen, dass das Verhalten der Mutter nicht auf mangelnde Intelligenz, Nachlässigkeit oder gar Egoismus zurückzuführen ist. Das Fernsehen ist einfach zu einem nicht mehr wegzudenkenden Bestandteil des Lebens, zum universellen Ersatz, geworden. In vielen Haushalten steht an mehreren Stellen ein Fernseher, Kinderzimmer und Schlafzimmer eingeschlossen. Er wird so zum ständigen Berieseler und nimmt dadurch die Möglichkeit, sich voll auf eine andere Sache, und sei es nur das Schlafen, zu konzentrieren. Ich kenne einen weiteren Fall, in dem die Ehefrau nicht bereit war, bei der Bearbeitung von Hausaufgaben, die ihr Mann für eine Fortbildungsmaßnahme zu erledigen hatte, das Fernsehgerät abzuschalten. Dies wurde bei der späteren Ehescheidung als einer der Scheidungsgründe mit eingebracht. Ich gebe zu, dass die geschilderten Fälle nicht als repräsentativ zu bezeichnen sind, es sind sicher Extremfälle, Einzelfälle sind es aber nicht, Tendenz zunehmend!

Diese Berieselungs-These wird durch die ständig nach statistischen Methoden durchgeführten Befragungen der Verbraucher gestützt. Die neueste Befragung durch eine bekannte Fernsehzeitung hat beispielsweise ergeben, dass die Hälfte der Deutschen beim Fernsehen die Mahlzeiten zu sich nimmt. Das Zusammenfinden der Familie und die Kommunikation – wenigstens beim Essen – ist schon seit langem nicht mehr die Regel. Man bedient sich gerade mal mit einem Happen, wenn man Hunger verspürt, denn der Kühlschrank ist ja meist gut gefüllt. Bei 49 Prozent der Befragten läuft auch das Fernsehgerät, wenn man sich unterhalten will, das heißt auch wenn Besuch da ist. Dies habe ich auch schon bei Leuten erlebt, von denen ich solches nicht erwartet hätte. Da stört es auch kaum noch, dem anderen ins Wort zu fallen. Eine konzentrierte Unterhaltung kann man dann vergessen, die Grundregeln der Zivilisation werden mit Füßen getreten!

Es ist eine Wahrheit, dass man Probleme dann am besten erkennt und löst, wenn man sie bei der Betrachtung ins Extrem treibt. Das weiß jeder gute Lehrer, und deshalb habe ich diese Beispiele auch gewählt. Sie zeigen, wie man in eine totale, zumindest zeitweise Abhängigkeit geraten kann. Dies kann so weit gehen, dass Alternativen, auch beim für Kinder so wichtigen Spielen, nicht mehr zum Tragen kommen. In den geschilderten Fällen wird und wurde mit einer so bedeutenden Erfindung wie dem Fernsehen Schindluder getrieben. Dies gilt es zu erkennen, denn »Selbsterkenntnis ist der erste Weg zur Besserung.«

Leider ist in Verbindung mit dem Fernsehen festzustellen, dass dieses Medium auch für Kinder und Jugendliche alle Geheimnisse bezüglich Kriminalität und Sexualität zugänglich macht. Der freie Eintritt, verbunden mit Brutalität und schrankenloser Offenlegung, ist also garantiert. Da muss man sich doch wirklich fragen, ob hier nicht der Kinder- und Jugendschutz ad absurdum geführt wird. Immer mehr kommt es vor, dass die im Fernsehen oder in Gewalt-Videos dargestellten Taten grausam nachgeahmt werden. Dabei sollte man aber nicht übersehen, dass es sich bei diesen Medien meist um die »Auslöser« handelt und dass die Ursachen für eine solche nachgeahmte Tat meist an anderer Stelle liegen. Dennoch sollte man bedenken, dass es Spontantäter gibt und dass eine Kontrolle bezüglich der Einhaltung bestehender Gesetze schier unmöglich ist. Aber hierum kümmert sich ja auch in der realen Welt kaum noch jemand. Die Gesetze existieren zwar, sie greifen aber nicht.

Viele Kinder verfügen heute über eine ganze Palette von elektronischem Spielzeug. Zu nennen sind Game Boy, Play Station, Video Game und vieles andere mehr, natürlich alles in Color. Mega-Preise ermöglichen diese neue Dimension des Spielens. Man hat seine Last, hier überhaupt auf dem Laufenden zu sein, und was heute »in« ist, hat morgen den Stempel »out«. Dies spricht sich auch schnell herum, denn hierfür sorgt die Werbung, nicht zuletzt im Fernsehen. Je intensiver und schneller die Werbung greift, desto besser. Umsatz, Umsatz und nochmals Umsatz! Selbst der Computer wird oft ausschließlich als Spielzeug missbraucht, zum reinen Zeitvertreib. Weitere Suchtarten lassen auf sich warten, wie schön, wenn Mutter ihre Ruhe hat. Ich hätte da früher von OMA gehört: »Man sollte dem Herrgott nicht die Zeit stehlen«, obwohl sie mich auch ab und zu »ruhig stellte«, indem ich über die Erklärungen ihrer Sprüche und Weisheiten nachgedacht habe.

Auch im nichtelektronischen Bereich ist man heute gut gerüstet. Es fehlt bei vielen Kindern an nichts. Man kann dies bei abendlichen Spaziergängen auch sehen, durch einen Blick in das Fenster des einen oder anderen Kinderzimmers. Die Schränke sind bis unter die Zimmerdecke vollgepackt, und schon bei der Wahl des Spielzeugs sind die Kinder durch diese Reichhaltigkeit völlig überfordert. Da wird es doch Zeit, beim nächsten Flohmarkt wieder mal einen Schwung zu verkaufen. Dies bringt etwas »Kohle« in die Tasche und man ist wieder bezüglich neuer Investitionen disponibel. Sollte man sich nicht doch mal eine Laubsäge zulegen? Aber nein, man denke nur an die Umstände und den mentalen Aufwand. Da ist doch der Game Boy wesentlich besser zu handhaben! Auch hinsichtlich des Platzaufwandes ist dieser viel günstiger, und um dieses grundsätzliche logistische Problem noch besser in den Griff zu bekommen, wünscht man sich auch am besten zum nächsten Geburtstag Geld. Dies hätte auch den Vorteil, dass man angesichts des ohnehin schon hohen Sättigungsgrades dem Schenker die »Qual der Wahl« ersparen würde.

Wie hoch der Sättigungsgrad – zumindest partiell – sein kann, wurde mir vor kurzem vor Augen geführt: In einer mir bekannten Familie bediente sich jedes Kind an jeweils drei Adventskalendern, die alle mit Schokolade bestückt waren. Begründet wurde dies von der Mutter damit, dass ein solcher Kalender bei Aldi für einen halben Euro zu haben sei. Man muss dieser Geschichte allerdings zugute halten, dass die Kalender unabhängig voneinander von mehreren Verwandten geschenkt wurden. Sie hatten aber wirklich nur noch die Funktion eines Schokoladespenders. Wenn ich daran denke, mit welcher Andacht und Hingabe wir damals Tag für Tag unser Kalendertürchen öffneten, dann bin ich doch ein bisschen froh darüber, meine Kindheit nicht heute erleben zu müssen.

Keinesfalls möchte ich den Erziehenden zu nahe treten. Mir ist sehr wohl bewusst, dass es eine Vielzahl verantwortungsbewusster Mütter und Väter gibt, vielleicht auch Großeltern. Aus eigener Anschauung erlebe ich auch den Gebrauch von kreativem Spielzeug, und in einer Vielzahl von Familien werden auch noch gute Bücher geschätzt. Es ist aber zu vermuten, dass diese Vielzahl heute bereits die Minderzahl ist!

Ich möchte auch keinesfalls die moderne Technik abwerten, das Gegenteil ist der Fall. Ohne Computer wäre ich gerade mal aufgeschmissen, und ich benutze auch den Fernseher als Informationsmedium, gezielt auch zur Unterhaltung, und zugegebenermaßen ist auch mal eine Sendung dabei, na ja ... Auch Kinder können nicht früh genug an diese modernen Medien herangeführt werden, nach OMA aber: »Alles mit Maß und Ziel!« Und nach Robert Lembke sollte man darauf achten, dass durch das Fernsehen der Familienkreis nicht zu einem Halbkreis wird, wobei er aber wenigstens schon mal voraussetzte, dass die Familie gemeinsam etwas macht.

Bisher habe ich mich nur über die heute weit verbreiteten »Innenspiele« ausgelassen und deren Gebrauch und den sich daraus abzuleitenden Erziehungswerten. Diese Erziehungswerte sind oftmals nicht nur gleich Null, in der Sprache der Mathematik können sie auch negativ sein. Wie dies zu verstehen ist, habe ich bereits angedeutet, es kommt zu Müßiggang, da produktive und kreative Phasen – die ja so viel Freude und Spaß auslösen können – keinen Platz mehr haben. Irgendwann führt dies zu einem Zustand, den man als gammeln bezeichnet: Null Bock.

Vielleicht könnte man ja in einer solchen Situation auf »Außenspiele« zurückgreifen, vielleicht dreht man eine Runde mit dem Mountainbike, denn für Inline-Skater oder Skateboard ist heute nicht das optimale Wetter. Vielleicht ein Gang durch den Supermarkt, mal sehen, was da so locker ist, es trifft ja keinen Armen! Bis vor einem Jahr hätte man wenigstens noch ins Schwimmbad gehen können, dies hat man aber wegen Geldmangel der Kommune zuerst verkommen lassen und dann wegen hygienischer Bedenken und wegen Einsturzgefahr der Umkleide geschlossen. Im Gegenzug hierzu hat man ein neues Rathaus gebaut, obwohl dies nicht nötig gewesen wäre und obwohl für dieses unnütze Vorhaben auch noch einige Sozialwohnungen der Spitzhacke zum Opfer gefallen sind. Ersatzweise hierfür hat ein Bauträger mehr als die doppelte Anzahl von Wohnungen errichtet, Luxuswohnungen in exponierter Lage am Stadtrand.

Oder doch lieber Innenspiele? Fitness-Studio oder Luxustherme wären auch nicht schlecht, doch leider nur für die obere Sozialstruktur erschwinglich! Eine Alternative wäre Kino, vielleicht könnte man sich aber auch ein Video reinziehen und anschließend noch ein bisschen im Internet surfen. Oder schnell eine SMS, aber an wen denn? Warum aber nicht oder warum eigentlich doch? Schieben wir uns doch schnell einen Lolli rein, die Figur ist ohnehin nicht mehr zu retten, und dann nichts wie an die illegale Graffitiwand. Nein lieber doch nicht, da wartet man lieber bis zum Einbruch der Dunkelheit, denn so mutig ist man auch wieder nicht und »im Dunkeln lässt sich's gut munkeln.« Auch für die Spielhalle ist heute nicht der richtige Tag, denn die Kohle ist knapp und das vom Oma angelegte Sparbuch ist längst nur noch das Papier wert. Oder was sonst? Egal, scheißegal!

Ich sagte ja bereits, dass es uns noch nie so gut gegangen ist wie in den letzten Jahren, volkswirtschaftlich gesehen. Hier kann ich nur hinzufügen, dass wir zwar reich sind, aber trotzdem arm. Damals war dies umgekehrt. Wenn diese Entwicklung so weitergeht, dann sind wir nur noch arm, auf der ganzen Linie.

Noch habe ich nicht die volle Wahrheit gesagt, und ich erwähne nochmals, dass jede gute Erziehung Zeit und Zuwendung erfordert, individuell auf das Kind und den Jugendlichen ausgerichtet. »Alles hat seine Zeit!« Ein schöner Spruch aus China untermauert sehr deutlich, was ich meine: »Die Arbeit läuft dir nicht davon, wenn du deinem Kind den Regenbogen zeigst. Aber der Regenbogen wartet nicht, bis du mit deiner Arbeit fertig bist.« Dies ist sicher nicht schwer einzusehen. Man möchte ja auch, doch das Zeitkontingent lässt es nicht zu. Da passt OMAs Wort »Wichtiger als das Wollen ist das Tun« und wie gesagt: Man sieht es ja auch ein!

Sicher wird es noch in vielen Familien so sein, dass die Mutter zu Hause ist. Dies geht manchmal auch kaum anders, insbesondere, wenn mehrere Kinder zu versorgen sind. Voraussetzung ist aber ein entsprechender Verdienst des Vaters. Manchmal werden auch die »Rollen« der Partner getauscht, wenn beispielsweise die Mutter eine qualifiziertere Berufsausbildung hat und dadurch mehr Geld verdienen kann als der Vater. Meist geht dies ganz gut, auch dann, wenn dadurch die natürliche Zuordnung in der Familie nicht mehr so richtig stimmt.

Vielleicht gibt es hier bezüglich dieser natürlichen Zuordnungstheorie Widerspruch? Akzeptiert, denn – wie gesagt – es geht ja ganz gut. Es sollte aber doch der Hinweis erlaubt sein, sich diesbezüglich einmal im Tierreich umzusehen und sich so durchaus auch belehren zu lassen: Das Höchstmaß an Nestwärme verbreitet meist nur eine Mutter, warum sollte es ausgerechnet bei den Menschen anders sein? Oft wird ein solcher Rollentausch rein wirtschaftlich begründet, und das Kind und dessen Erziehung wird nicht wesentlich hierunter leiden. Gefragt wird die »Hauptperson« aber nicht, und unbestritten profitiert das liebe Kind ja auch hinsichtlich des Lebensstandards, na also und wie denn!? Schließlich gehört man ja zur modernen Generation, und Lebensstandard muss einfach sein!

Nun ist es aber sehr die Frage, wie Lebensstandard im Einzelfall definiert wird. Es stellt sich auch die Frage, ob man mit einem einfacheren Leben nicht auch zufrieden sein kann, vielleicht zufriedener? Einer von OMAs Sprüchen: »Lebe einfach, dann lebst du zweifach.« Dies sollte man einmal überdenken und dann »nach seiner Fasson selig werden«. In vielen Fällen ist es doch so, dass man sich, was den Lebensstandard angeht, nach anderen richtet, sei es eine neue Küche, ein größeres Auto oder ein exklusiver Urlaubsort – möglichst dreimal im Jahr! Eine Luxusuhr, wie sie Frau Müller hat, wäre doch auch ganz schön, über Edelklamotten braucht man gar nicht erst zu diskutieren. Wie wär's mit einem Statussymbol, vielleicht mit einem Hund? Wenn dies alles durch den Rollentausch von Vater und Mutter zu realisieren ist, mag es ja noch angehen, sinnvoll oder nicht.

Bedenkt man aber einmal, dass solche Verhaltensweisen meist durch eine »Fremdsteuerung«, vielleicht durch Frau Müller mit ihrer wertvollen Uhr, bewirkt werden, dann ist dies schon alleine ein Grund dafür, das eigene Leben zu überdenken. Denn ist es nicht so, dass man auch ansonsten großen Wert auf Menschenwürde legt? Fremdsteuerung – im Berufsleben ohnehin meist ein lästiges Übel – hat aber nicht mehr das Geringste mit einer solchen zu tun. Wenigstens im privaten Bereich sollte man doch einer Fremdsteuerung keinerlei Chance geben!

So oder ähnlich ist es mittlerweile mit der Realisierung des Lebensstandards bei einer großen Mittelschicht der Bevölkerung. Heute sagt man: bei der mittleren Sozialstruktur. Immer mehr werden aber auch Fremdfinanzierungen zum Erhalt und »Ausbau« des Lebensstandards in Anspruch genommen. Leicht ist eine solche Inanspruchnahme eines Krediles realisiert, die Angebote von Kaufhäusern, neuerdings auch von Reiseveranstaltern, werden immer aufdringlicher. Wahrscheinlich bewältigt auch der Nachbar so seine Probleme hinsichtlich des Lebensstandards. Wo diese Denkweise hinführen kann, ist hinreichend bekannt. Immer mehr, auch junge Menschen, verschulden sich über alle Maßen und wissen vor Sorge nicht mehr ein und aus. Privater Konkurs, Entschuldungsverfahren, eidesstattliche Versicherung sind keine Seltenheit mehr.

Irgendwann müssen beide Elternteile Geld anschaffen gehen, die Kinder sind die Gelackmeierten. Zu Schlüsselkindern geworden, führen sie ein trostloses Dasein. Was könnte man nur tun? Wie bringe ich meine Zeit herum? Scheißegal oder wie gehabt? Umgang wird auf der Straße gesucht und leicht gefunden, meist mit gleichermaßen Betroffenen. Wie war das mit dem Müßiggang? Wie formulierte dies OMA? »Sage mir, mit wem du umgehst, und ich sage dir, wer du bist.« Schnell ist dann der Absturz vollzogen, der Griff zu Drogen manchmal unausweichlich. Die wirklich dramatische Lage spiegelt sich in jeder veröffentlichten Kriminalstatistik und indirekt natürlich auch in der PISA-STUDIE.

Ich habe es bereits erwähnt, dass mittlerweile immer mehr Familien unterhalb der Armutsgrenze leben, selbst verschuldet oder auch nicht. Heute leben in Deutschland etwa eine Million Kinder von der Sozialhilfe, vom Staat ist kaum mehr Hilfe zu erwarten, als dies momentan der Fall ist, eher weniger. Der prozentuale Anteil der kindlichen Sozialhilfeempfänger liegt besonders hoch, wenn die Mutter oder der Vater allein erziehend ist, und diese Konstellation ist in Deutschland in über 2,3 Millionen Fällen registriert. 85 Prozent dieser Fälle sind allein erziehende Mütter und 15 Prozent allein erziehende Väter. Vor allem in der Bevölkerungsgruppe der Armen bleiben die Kinder auf der Strecke, denn die für Erziehung erforderliche Zeit ist meist nicht mehr da, zumindest äußerst knapp bemessen. Das Leben reduziert sich in solchen Fällen auf elementare Dinge wie das Essen und die Wohnung. Der Zugang zu kind- und jugendgerechten Spiel- und Lebenswelten ist den jungen Menschen meist versperrt. Letztlich steht als freier Lebensraum nur noch der Wohnraum zur Verfügung. Mittlerweile ist es aber so, dass in Deutschland etwa 500.000 Kinder in schlechtesten Wohnverhältnissen leben, doch selbst der Wohnraum ist bereits vielen verloren gegangen, den Straßenkindern.

Im Gegensatz zu den Erziehenden, die durch einen überhöhten Lebensstandard die geschilderten Missstände selbst erzeugt haben, können einem die Erziehenden in der Gruppe der Armen wirklich Leid tun, insbesondere wenn sich die Situation unverschuldet ergeben hat, was häufiger der Fall ist, als man glauben mag. Der Durchmarsch von Arbeitslosigkeit oder Krankheit nach ganz unten kann brutal schnell erfolgen. Noch mehr als die Erwachsenen können einem aber die Kinder in dieser untersten Sozialstruktur Leid tun.

Auch bei einer dritten Bevölkerungsgruppe, die ebenso wie die Gruppe der Armen immer größer wird, nämlich die Reichen, sind zunehmend Negativentwicklungen zu verzeichnen. Die Schere zwischen Arm und Reich öffnet sich immer weiter. Aber auch reich zu sein im Sinne von Geld und Gut ist heute oft ein schlechtes Los. Um möglichst viele der gebotenen Möglichkeiten auszuleben, wird zunehmend versucht, auf getrennten Wegen das Glück zu erhaschen. Wenn die Familie schon zusammen in den Luxusurlaub fährt, trennt man sich aus Optimierungsgründen am Ort der vielen Möglichkeiten. Organisiert wird dies meist von einem Club. Mutter, Vater und jedes Kind werden nach den eigenen Bedürfnissen beglückt. Ob Tennis, Segeln, Surfen, Golfen, Gleitschirmfliegen, alles ist möglich. Oftmals ist dies bereits im Exklusivpreis enthalten, denn: »An der Quelle sitzt der Knabe.« Hiergegen ist eigentlich nichts einzuwenden, solange individuelle Aktivitäten ausgelebt werden, aber das getrennt Erlebte die Familie als Verband bestehen lässt, sich die Wege der Familienmitglieder durch Teilnahme und Verständnis für den anderen immer wieder treffen und wenigstens doch noch da und dort gemeinsam etwas unternommen wird.

In vielen Fällen reduziert sich aber ein solcher Urlaub zu mehreren total getrennten Veranstaltungen. Wenn alles gut geht, trifft man abends wieder zusammen und überlegt, was man am nächsten Tag – jeder für sich – tun könnte, ein wahrlich reduziertes Familienleben. Aber daran ist man ja bereits gewöhnt, denn zu Hause hat man auch keine Zeit füreinander. So driften die Familien auseinander, unaufhaltsam und dauerhaft. Hierzu trägt zusätzlich in vielen Fällen auch noch die Unterbringung der Kinder in Internaten bei, was aber manchmal noch die beste Lösung ist, denn der Tagesablauf wird von der Internatsleitung organisiert und ist dann wenigstens geordnet. Eine weitere Kompensationsmöglichkeit besteht auch noch darin, dass die »Kids« an allerlei Nachmittagsangeboten teilnehmen können. Leicht kann man da fünf Nachmittage in der Woche füllen: Tennis, Golf, Gymnastik, Tanz, Zeichnen, Musik (wenigstens mal ein Instrument), eventuell zwei Stunden beim Therapeuten. Mutter hat dann Zeit für sich, die ganze Woche. Mindestens wird die Unterrichtung der Kinder in einer Privatschule angestrebt, denn eine solche ist den öffentlichen Schulen in der Regel weit überlegen. Außerdem löst sie Probleme, mit denen man sich sonst in der Familie auseinander setzen müsste. In vielen Fällen ist ein erbarmungsloser Druck der Eltern bezüglich einer Leistungsorientierung der Kinder feststellbar. Größter Wunsch hinsichtlich des eigenen Standorts ist es, im Mittelpunkt zu stehen, auf die anderen braucht man keine Rücksicht zu nehmen, die Ellenbogen werden rücksichtslos eingesetzt. Die Kinder in den oberen Sozialstrukturen lernen heute sehr oft nicht mehr, auch mal zurückzustehen, auf Ansprüche anderer einzugehen und auf eigene zu verzichten oder gar einem Schwachen zu helfen. Kann man ein solches Leben noch als normal bezeichnen? Und wo führt dies immer mehr hin?

Viele Ehen halten die oft selbst produzierten Belastungen einfach nicht mehr aus, mittlerweile liegt in Deutschland die Scheidungsrate bei über dreißig Prozent. Die »Produktion der allein Erziehenden« läuft auf vollen Touren. Immer mehr Menschen suchen die Probleme mit Hilfe von Alkoholika oder Drogen zu lösen, die Kinder immer dazwischen und als Handicap empfunden. In der Partnerbeziehung ihrer Eltern sind sie oft nur noch als ein Anhängsel – völlig alleine gelassen – zu bezeichnen, und man lebt schon als Kind in einer ungesicherten sozialen Bindung. Nur in wenigen Fällen haben die Erziehenden das Format, für die Kinder eine akzeptable Lösung zu finden. Ansonsten sind es Kinder ohne Kindheit, arme Kids, oft zwischen den Elternteilen hin- und hergerissen.

Wie bereits angedeutet, hat es auch in früheren Zeiten Situationen gegeben, in denen den Müttern die Erziehung mehr oder weniger alleine zugekommen ist. Üblicherweise war aber meist sichergestellt, dass sich die Mutter zu Hause aufgehalten hat oder dass das Kind anderweitig in der Familie integriert war. Großmütter haben in vielen Fällen die Erziehung übernommen, denn die Großeltern haben sehr oft im Haus oder am gleichen Ort gewohnt. Heute hingegen ist dieser Sachverhalt in der Regel ganz anders gelagert: Es müssen für die Heranwachsenden Unterbringungsmöglichkeiten anderer Art gefunden werden, sei es bei einer Tagesmutter, in einer Kinderkrippe oder einem Kindergarten. Mütter müssen heute, auch meist aus den genannten, oft selbst verschuldeten Gründen, vielfach halb- oder ganztags arbeiten gehen, und Letzteres setzt eigentlich eine Ganztagsbetreuung der Kinder und Jugendlichen voraus. Die hierzu erforderlichen Einrichtungen sind mehr als knapp, manchmal überhaupt nicht aufzutreiben. Dies hat katastrophale Folgen für die Erziehung. Hinzu kommt ein teilweise desolates Schulwesen, in vielen Fällen ein wahres Desaster!

Das Grundübel im heutigen Schulwesen sehe ich darin, dass in den sechzehn Bundesländern unterschiedliche Standards existieren. Ich habe bereits darauf hingewiesen. Dies wurde mir überdeutlich, als ich vor kurzem zufällig auf dem Gang in einer Messehalle einen Gesprächsfetzen aufschnappte: »Überschätzen Sie mich nicht, ich habe nur das Hamburger Abitur.« Zuerst habe ich hierüber lachen müssen, es ist aber wirklich mehr als traurig, weinen müsste man.

Zu dem erwähnten Grundübel kommen aber in der Schule noch viele andere Übel hinzu. Oft ist es so, dass die für den ordentlichen Schulbetrieb erforderlichen Gelder fehlen, die zuständige Kommune ist kurz vor der Pleite. Der Hausmeister muss ab dem neuen Schuljahr noch eine weitere Schule betreuen, bald auch noch die Schulsporthalle im Nachbarort, denn der dort in den Vorruhestand gegangene Kollege kann wegen fehlender finanzieller Mittel nicht mehr ersetzt werden. Wichtige Reparaturen werden von einem in das andere Jahr verschoben. In einem Klassenzimmer ist vor kurzem ein großer Placken Verputz von der Decke gefallen, zum Glück am Wochenende. Und zum Glück konnten zwei Väter den Schaden beheben. Dies hat aber einige Tage gedauert, und deshalb ist in dieser Zeit der Unterricht ausgefallen. So war es aber möglich, dass der betroffene Lehrer endlich mal seine Garage aufräumen konnte. Diese Zeit wäre ihm andernfalls von den Ferien abgegangen, oder er hätte sich krank melden müssen, denn einen leichten Husten hatte er ja.

Ähnliches kann sich jederzeit wiederholen, denn viele Schulgebäude sind marode. Mittlerweile nimmt man es gelassen, und auch ansonsten geht man den Schulbetrieb eher locker an. Unterrichtsausfall hat aber auch manchmal etwas Gutes, denn da entfällt der Schulweg und dadurch ist man jedenfalls nicht der Angriffslust verschiedener Typen, die vielfach auch in Horden auftreten, ausgesetzt. Sicher ist so durch den Ausfall des Unterrichts schon der eine oder andere Überfall verhindert worden und dadurch das eine oder andere Handy beim rechtmäßigen Besitzer geblieben. Glück hat man, nicht im benachbarten Stadtteil zu wohnen, denn dort liegt die Kinder- und Jugendkriminalität noch höher und noch mehr Kinder im Vorschul- und Schulalter üben sich dort in körperlicher, psychischer und verbaler Gewalt.

Unterrichtsausfall hat auch – zumindest bei Regenwetter – den Vorteil, dass man von den Autos nicht so vollgespritzt wird, denn der Fußweg ist an manchen Stellen eng und die nahe Straße voller Löcher und Pfützen. Wegen Geldmangel ist dies schon einige Jahre so. Ein weiterer Vorteil, der sich aus einem Unterrichtsausfall ergibt, besteht darin, des Morgens richtig auszuschlafen, denn man kommt einfach nicht vor zwölf ins Bett. Man sollte sich doch mal von den »Alten« einen Fernseher ins Zimmer stellen lassen, dann könnte man auch mal früher in die Kiste springen. Ob dies allerdings das richtige Mittel gegen Übermüdung ist, darf bei den überwältigenden, ja supergeilen Fernsehprogrammen zu dieser Tageszeit ruhig in Frage gestellt werden. Wenn es dann morgens überhaupt nicht mit der Schule hinhaut, kann ja ohne Probleme ein gelber Zettel nachgereicht werden. Diesen erhält man beim lieben Herrn Doktor ganz ohne Schwierigkeiten, auf telefonische Bestellung.

Solche Notstände hinsichtlich einer Entschuldigung hat die ältere Schwester nicht mehr zu bewältigen. Sie bevölkert bereits im neunten Semester die Uni, und da kann man ja kommen und gehen, wann man will. Im nächsten Semester möchte sie erst mal pausieren, vielleicht steht auch noch eine völlige Neuorientierung an, denn mit den beiden zum Vordiplom noch fehlenden Scheinen will es einfach nicht klappen.

Im Zusammenhang mit dem Schulwesen wäre noch zu überlegen, warum wohl die meisten Erziehenden der mittleren und oberen Sozialstruktur versuchen, den ihnen anvertrauten Kindern einen möglichst qualifizierten Schulabschluss angedeihen zu lassen, oft mit Hängen und Würgen. Abitur ist zunächst einmal das Mindeste, egal ob die dazu notwendigen Fähigkeiten vorhanden sind oder nicht. Egal ist auch, ob dadurch eventuell andere Fähigkeiten übersehen werden, die es verdienten, gefördert zu werden. Die Schulen kommen einem da auch sehr entgegen, denn die gestellten Anforderungen entsprechen nicht mehr denen von damals. Es soll vorgekommen sein: Abitur mit Religion und Sport. Immerhin ist es aber so, dass man sich mit dem Bestreben nach einem möglichst qualifizierten Schulabschluss als Erziehender das Gewissen etwas beruhigen kann, ob der sonstigen Versäumnisse. Wie war dies noch? »Ein schlechtes Gewissen ist kein gutes Ruhekissen!«

Mittlerweile ist es so, dass durch die PISA-STUDIE auch die Lehrkräfte der beruflichen Schulen auf den Plan gerufen wurden, denn dort befindet sich auch das Sammelbecken all derer, die irgendwie die Schule abgebrochen haben oder gerade mal so über die Runde gekommen sind. Häufig finden sich dort Absolventen von Sonderschulen oder Hauptschüler mit oder ohne Abschluss ein. Da und dort sitzt auch ein ehemaliger Mittelschüler, vielleicht auch mal ein Abiturient dazwischen, mit Eingangsvoraussetzungen wie sie in der PISA-STUDIE hinreichend aufgezeigt sind. Die Klassen sind meist inhomogen hoch drei. Der Berufsschule bleibt dann nichts weiter übrig, als den Versuch zu unternehmen, die bestehenden Lerndefizite auszugleichen. Abgesehen davon, dass dies nur sehr eingeschränkt oder gar nicht gelingt, gehen dadurch viele Unterrichtsstunden verloren, die für die berufsspezifische Ausbildung gedacht sind. Zwangsläufig führt dies auch hier zu einer Absenkung des Lernniveaus. Wenn trotzdem in den Berufsschulen die »Erfolgsquote« bei etwa neunzig Prozent liegt, dann liegt dies auch an einer massiven Absenkung des Lernstandards, immer ein bisschen mehr, bei immer weniger Disziplin.

Viele Lehrer haben heute Angst in den Unterricht zu gehen. Immer mal wieder werden von Schülern Messer gezückt, man zeigt, wer der Herr im Hause ist. Rückendeckung vom Erziehenden gibt es nicht mehr, denn dieser hat selbst keine Möglichkeit mehr, die Sache zu beeinflussen. Ganz schlimm wird es für den Lehrer, wenn auch noch die Rückendeckung der Schulleitung oder des Schulamtes fehlt. Dies gibt es öfter, als man es für möglich hält. Zwangsläufig wird für Lehrer der »Mut zur Lücke« immer mehr zu einem geflügelten Wort und man ist froh, wenn der Unterricht zu Ende ist und der Heimweg angetreten werden kann.

Am Ende der »Betrachtungen von damals« habe ich schon angedeutet, dass diese Betrachtungen keinen Anspruch auf Vollständigkeit erheben können. Es kam mir vielmehr darauf an, den Zeitgeist spüren zu lassen. Mit dem gleichen Anspruch möchte ich auch die »Betrachtungen von jetzt« verstanden wissen und abschließen, obwohl auch über das Jetzt noch viel zu sagen wäre. Ich hoffe also, dass der Unterschied der Lebensqualität und der Unterschied des Einflusses der Familie auf Erziehung und Ausbildung – zwischen damals und heute – deutlich geworden und

zumindest nun ein Gespür für diese Problematik vorhanden ist.
OMAs Sprüche hätten dann doch ein bisschen mitgeholfen.

Die PISA-STUDIE

Es kann davon ausgegangen werden, dass allgemein bekannt ist, womit sich die PISA-STUDIE auseinandersetzt. Unter dieser Voraussetzung habe ich diesen Begriff auch bereits mehrfach erwähnt. Bevor ich jedoch versuche – durch den Vergleich von damals und jetzt – die eingangs gestellten Fragen zu beantworten und einen Ausblick in die Zukunft wage, möchte ich doch einige besonders wichtige Passagen der PISA-STUDIE erörtern.

PISA steht für »Programme for International Student Assessment« und ist ein Programm zur zyklischen Erfassung basaler Kompetenzen der nachwachsenden Generation. Dieses Programm wird von der Organisation für wirtschaftliche Zusammenarbeit (OECD) durchgeführt und von allen Mitgliedsstaaten (Tabelle 1) gemeinschaftlich getragen und verantwortet.

Mitgliedsstaaten der PISA-STUDIE (Tabelle 1):

Australien	Kanada	Schweiz
Belgien	Korea	Spanien
Dänemark	Luxemburg	Tschechische Republik
Deutschland	Mexiko	Ungarn
Finnland	Neuseeland	Vereinigtes Königreich
Frankreich	Niederlande	Vereinigte Staaten
Griechenland	Norwegen	Nicht-OECD-Länder:
Irland	Österreich	Brasilien
Island	Polen	Lettland
Italien	Portugal	Liechtenstein
Japan	Schweden	Russische Förderation

Die Indikatoren beziehen sich auf die Bereiche Lesekompetenz, mathematische Grundbildung, naturwissenschaftliche Grundbildung und fächerübergreifende Kompetenzen wie zum Beispiel selbstreguliertes Lernen und Vertrautheit mit Computern.

Die erste Erhebung fand im Jahr 2000 statt, weitere Erhebungen werden im Dreijahreszyklus vorgenommen. In jedem Zyklus wird ein »Hauptbereich« gründlicher und differenzierter getestet, dem dann zwei Drittel der Testzeit zugeteilt werden. Die Hauptbereiche sind Lesekompetenz im Jahr 2000, Mathematische Grundbildung im Jahr 2003 und naturwissenschaftliche Grundbildung im Jahr 2006.

Mittelwerte der Erhebung 2000 (Tabelle 2):

Teilnehmerstaat, Lesekompetenz		Teilnehmerstaat, Mathematische Grundbildung		Teilnehmerstaat, Naturwissenschaftliche Grundbildung	
Finnland	546	Japan	557	Korea	552
Kanada	534	Korea	547	Japan	550
Neuseeland	529	Neuseeland	537	Finnland	538
Australien	528	Finnland	536	Vereinigtes Königreich	532
Irland	527	Australien	533	Kanada	529
Korea	525	Kanada	533	Neuseeland	528
Vereinigtes Königreich	523	Schweiz	529	Australien	528
Japan	522	Vereinigtes Königreich	529	Österreich	519
Schweden	516	Belgien	520	Irland	513
Österreich	507	Frankreich	517	Schweden	512
Belgien	507	Österreich	515	Tschechische Republik	511
Island	507	Dänemark	514	Frankreich	500
Norwegen	505	Island	514	Norwegen	500
Frankreich	505	Liechtenstein	514	**OECD-Durchschnitt**	**500**
Vereinigte Staaten	504	Schweden	510	Vereinigte Staaten	499
OECD-Durchschnitt	**500**	Irland	503	Ungarn	496
Dänemark	497	**OECD-Durchschnitt**	**500**	Island	496
Schweiz	494	Norwegen	499	Belgien	496
Spanien	493	Tschechische Republik	498	Schweiz	496
Tschechische Republik	492	Vereinigte Staaten	493	Spanien	491
Italien	487	**Deutschland**	**490**	**Deutschland**	**487**
Deutschland	**484**	Ungarn	488	Polen	483
Liechtenstein	483	Russische Förderation	478	Dänemark	481
Ungarn	480	Spanien	476	Mexiko	478
Polen	470	Polen	470	Italien	476
Griechenland	474	Lettland	463	Liechtenstein	461
Portugal	470	Italien	457	Griechenland	460
Russische Förderation	462	Portugal	454	Russische Förderation	460
Lettland	485	Griechenland	447	Lettland	459
Luxemburg	441	Luxemburg	446	Portugal	443
Mexiko	422	Mexiko	387	Luxemburg	422
Brasilien	396	Brasilien	334	Brasilien	375

Die erzielten Leistungen von PISA sind in fünf Kompetenzstufen unterteilt. Den teilnehmenden Ländern wurde nach den Testauswertungen ein Ergebnis-Mittelwert (Tabelle 2) zugeordnet. Deutschland liegt dabei in allen Testbereichen in etwa am Ende des zweiten Drittels. Die Ergebnisse der Leistungsauswertung wurden auch in Bezug zum Lebensumfeld gebracht, z.b. in Bezug zur sozialen Herkunft, zum Bildungsniveau des Elternhauses, zur Zuwanderungsgeschichte und auch in Bezug zum Geschlecht. Testvoraussetzung war, dass für jedes Teilnehmerland eine repräsentative Stichprobe gezogen wurde. Es wurde also nach den Gesetzen der Statistik gearbeitet, also mit wissenschaftlich abgesicherten Methoden.

Was den Einfluss der Familie auf Erziehung und Bildung der Kinder betrifft, wird mit PISA bestätigt, was ich mit Hilfe von OMAs Sprüchen deutlich zu machen versuche. Hierauf bezieht sich Tabelle 3. Sie erläutert die Unterschiede der erzielten Mittelwerte der Lesekompetenz von 15-Jährigen aus Familien des oberen und des unteren Viertels der gesamten Sozialstruktur. Es ist erschreckend: Deutschland steht an »erster Stelle«!

Mit PISA ist es auch gelungen, Mängel hinsichtlich der diagnostischen Kompetenz der Lehrkräfte aufzudecken. Beispiele: Erkennen der individuellen Lernvoraussetzung, Überwachung von Übungen, Hilfestellung geben, Anleitung zur Selbstkontrolle. In Deutschland besteht ein großes Defizit, was förderndes und forderndes Engagement der Lehrkräfte angeht. Dies ist natürlich wieder statistisch zu sehen, denn es gibt durchaus noch viele Lehrer, die mit vollem Einsatz fahren. Dies macht Hoffnung, und sagen wir es wieder mit OMA: »Noch ist Polen nicht verloren!«

Zu bemerken ist, dass die PISA-STUDIE durch Vergleich der schulischen Leistungen starke Unterschiede in den einzelnen Bundesländern der BRD nachweist. Die Rangfolge wird in Tabelle 4 gezeigt. Wie dramatisch die Lage ist, kann an Beispielen nachgewiesen werden. So hinken beispielsweise die 15-jährigen

Bremer Schüler in der Lesekompetenz weit über ein Schuljahr hinter den Bayern her.

Unterschiede der erzielten Mittelwerte der Lesekompetenz von 15-Jährigen aus Familien des oberen und unteren Viertels der Sozialstruktur (Tabelle 3):

Deutschland	xxxxxxxx	xxxxxxxx	xxxxxxxx	xxxxxxxx	xxxxxxxx	xxxxx
Belgien	xxxxxxxx	xxxxxxxx	xxxxxxxx	xxxxxxxx	xxxxxxxx	xxx
Schweiz	xxxxxxxx	xxxxxxxx	xxxxxxxx	xxxxxxxx	xxxxxxxx	xxx
Luxemburg	xxxxxxxx	xxxxxxxx	xxxxxxxx	xxxxxxxx	xxxxxxxx	xx
Vereinigtes Königreich	xxxxxxxx	xxxxxxxx	xxxxxxxx	xxxxxxxx	xxxxxxxx	x
Ungarn	xxxxxxxx	xxxxxxxx	xxxxxxxx	xxxxxxxx	xxxxxxxx	
Tschechische Republik	xxxxxxxx	xxxxxxxx	xxxxxxxx	xxxxxxxx	xxxxxxx	
Vereinigte Staaten	xxxxxxxx	xxxxxxxx	xxxxxxxx	xxxxxxxx	xxxxxx	
Portugal	xxxxxxxx	xxxxxxxx	xxxxxxxx	xxxxxxxx	xxxxxx	
Polen	xxxxxxxx	xxxxxxxx	xxxxxxxx	xxxxxxxx	xxxx	
Australien	xxxxxxxx	xxxxxxxx	xxxxxxxx	xxxxxxxx	xxx	
Liechtenstein	xxxxxxxx	xxxxxxxx	xxxxxxxx	xxxxxxxx	xxx	
Neuseeland	xxxxxxxx	xxxxxxxx	xxxxxxxx	xxxxxxxx	xx	
Frankreich	xxxxxxxx	xxxxxxxx	xxxxxxxx	xxxxxxxx	xx	
Mexiko	xxxxxxxx	xxxxxxxx	xxxxxxxx	xxxxxxxx	x	
Dänemark	xxxxxxxx	xxxxxxxx	xxxxxxxx	xxxxxxxx	x	
Irland	xxxxxxxx	xxxxxxxx	xxxxxxxx	xxxxxxxx		
Niederlande	xxxxxxxx	xxxxxxxx	xxxxxxxx	xxxxxxxx		
Griechenland	xxxxxxxx	xxxxxxxx	xxxxxxxx	xxxxxxxx		
Russische Förderation	xxxxxxxx	xxxxxxxx	xxxxxxxx	xxxxxxx		
Schweden	xxxxxxxx	xxxxxxxx	xxxxxxxx	xxxxxx		
Norwegen	xxxxxxxx	xxxxxxxx	xxxxxxxx	xxxxx		
Österreich	xxxxxxxx	xxxxxxxx	xxxxxxxx	xxxxx		
Italien	xxxxxxxx	xxxxxxxx	xxxxxxxx	xxxx		
Kanada	xxxxxxxx	xxxxxxxx	xxxxxxxx	xxx		
Brasilien	xxxxxxxx	xxxxxxxx	xxxxxxxx	xxx		
Spanien	xxxxxxxx	xxxxxxxx	xxxxxxxx	xx		
Lettland	xxxxxxxx	xxxxxxxx	xxxxxxxx	x		
Finnland	xxxxxxxx	xxxxxxxx	xxxxxx			
Island	xxxxxxxx	xxxxxxxx	xxxx			
Südkorea	xxxxxxxx	xxxxx				
Japan	xxxxxxxx	xxx				
Testwerte	**0 bis 20**	**20 bis 40**	**40 bis 60**	**60 bis 80**	**80 bis 100**	**100 bis 120**

Rangfolge der gewerteten Bundesländer in der PISA-STUDIE bezüglich Lesekompetenz (Tabelle 4):

1. Bayern	8. Schleswig-Holstein
2. Baden-Württemberg	9. Hessen
3. Sachsen	10. Niedersachsen
4. Rheinland-Pfalz	11. Mecklenburg-Vorpommern
5. Saarland	12. Brandenburg
6. Thüringen	13. Sachsen-Anhalt
7. Nordrhein-Westfalen	14. Bremen

Die Stadtstaaten Hamburg und Berlin haben beim PISA-Test nicht teilgenommen, da die Anzahl der Testpersonen, die so genannte Losgröße, nach den Regeln der Statistik zu klein gewesen ist.

In Zukunft

Wir müssen beim Vergleich vom »Damals und »Jetzt« leider zur Kenntnis nehmen: Der Ort zur Vermittlung der Grundwerte ist in Deutschland mehr oder weniger verloren gegangen, in vielen Fällen ist er überhaupt nicht mehr erkennbar. Und weiter: Die Leistungsfähigkeit in Schule und Beruf hat in den vergangenen Jahrzehnten rapide abgenommen, wir müssen den internationalen Vergleich scheuen, wir sind nicht mehr das Land der Dichter und Denker!

Dass hier ein kausaler Zusammenhang besteht, ist eigentlich ganz logisch; wenn man es in jungen Jahren nicht gelernt hat, sich ernsthaft, konzentriert und kreativ mit sich und der Welt auseinander zu setzen, dann kann dies auch später kaum mehr funktionieren. Eines meiner Anliegen war, dies nochmals zu verdeutlichen, mit Beispielen und Begebenheiten, die aus dem täglichen Leben von damals und jetzt gegriffen sind. Die Schlussfolgerung daraus: Grundwerte, Regeln und Verhaltensweisen, die erst ein zivilisiertes Zusammenleben ermöglichen, müssen in frühester Kindheit vermittelt und eingeübt werden, so oder so. Der hieraus resultierende bildungspolitische Handlungsbedarf ist bereits über viele Jahre existent und auch erkannt. Man kann also nicht von einem Erkenntnisnotstand sprechen, es ist ein Handlungsnotstand. Anstatt hier massiv wirksam zu werden, wurden die Probleme ganz einfach unter den Teppich gekehrt, unbestritten die bequemste Methode. Es ist nun zu hoffen, dass mit PISA diese Vogel-Strauß-Politik aufhört und dass man sich kraftvoll der erkennbaren Missstände annimmt, sonst landen wir im totalen Chaos, und dies muss wirklich nicht sein.

Jedem dürfte klar sein, dass man das Rad nicht mehr zurückdrehen kann, vom Damals haben wir uns lange verabschiedet. Es kommt nun darauf an, sich dem Jetzt zu stellen und noch das Beste daraus zu machen. Wir müssen also feststellen: Die Verhältnisse und Strukturen von heute entsprechen nicht mehr denen von damals. Wir sind eine moderne Leistungsgesellschaft, interkulturell, weltoffen und nach vorne gerichtet. Die Familie hat ihre mehrere Jahrhunderte alte Rolle als Erziehungsstätte zu einem großen Teil eingebüßt, und es gibt noch andere Institutionen, die diese Rolle teilweise übernommen haben und in Zukunft noch viel intensiver übernehmen müssen. Hierauf müssen wir uns immer mehr einstellen und dafür Sorge tragen, dass auch diese »Ersatzinstitutionen« in ausreichender Zahl vorhanden sind und eine optimale Erziehung gewährleisten können, neben der Familie. Dabei muss Wertorientierung absolut im Vordergrund stehen und diese muss von den Lehrern und Erziehern vorgelebt werden. Dies erfordert die entsprechenden Qualifikationen und den Willen, diese Qualifikationen auch umzusetzen.

Das, was man »gute Kinderstube« nennt, kann also nicht auf die Familie beschränkt bleiben, jede andere Erziehungsstätte muss von dieser Handlungsbasis, von dieser Erziehungsidee erfasst werden! Und von den »Ersatzinstitutionen« muss man in Zukunft noch mehr erwarten: Sie sollten auch eine Beratungsfunktion haben, von hier müssen positive Impulse in Richtung der Erziehenden ausgehen, die von der Erziehungsarbeit überfordert sind.

Immer mal wieder hört man als Argument, dass man nicht gegen gesellschaftliche Entwicklungen ankämpfen kann. Wer dies glaubt, hat bereits resigniert und sich und die Welt aufgegeben. Wir können aber unsere Welt nicht den Bequemen und Pessimisten überlassen, und wir können es nicht zulassen, dass unsere humane Ordnung, das zivilisierte Menschsein, unsere Kultur, durch Firlefanz ersetzt wird. Dieser Aufgabe müssen wir uns stellen. Es ist eine nationale Aufgabe von solch erheblicher Größenordnung, dass ihre Lösung über die Zukunft unseres Landes in einem großen Maß mitentscheidet.

Ich kann mir sehr gut vorstellen, dass viele Erziehende – vielleicht noch die meisten – die heutige Schieflage bezüglich der

Erziehung und Ausbildung erkennen oder doch zumindest dann und wann erahnen. Der Vergleich zwischen damals und jetzt kann hier dienlich sein und die für die Erziehung Verantwortlichen sensibilisieren. Das erhoffe ich mir, und vielleicht hilft da ja auch meine OMA etwas mit. Solidarität, Gemeinsinn und Eigenverantwortung eines jeden sind mehr denn je gefordert. Setzt man auch nur ein bisschen Verantwortungsbewusstsein voraus, dann wird sich gegebenenfalls doch da und dort ein schlechtes Gewissen einstellen. Dies sollte das Mindeste sein und dies ist meine Hoffnung für die Zukunft. Ich muss wieder einmal meine OMA zitieren und da wiederhole ich mich: »Selbsterkenntnis ist der erste Weg zur Besserung.«

Für die Zukunft ist vor allem Optimismus angesagt, denn kann sich Deutschland – auch was Kultur angeht – nicht wirklich sehen lassen? Sind wir Deutschen nicht zu einer übergroßen Solidarität fähig, wie dies die jüngste Vergangenheit gezeigt hat? Liegt nicht ein enormes geistiges Potential unseres Volkes vor, ist dies nicht unser eigentliches Kapital? Haben wir als Volk nicht in vielen Situationen einen großen Leistungswillen unter Beweis gestellt? Sind wir es nicht als zivilisiertes Volk auch unseren Vorfahren schuldig, uns dies alles zu vergegenwärtigen und für die Zukunft zu nutzen? Meine liebe OMA hätte da mal wieder gesagt: »Lasst uns auf dem alten Grunde Neues bau'n zu jeder Stunde!« Wir müssen auch wissen: »Es ist fünf Minuten vor zwölf.«

Wie können wir es aber beeinflussen, dass ein solches nationales Vorhaben gelingt? Was muss sich ändern? Wie können jeder Einzelne, die Familien, die Erzieher und der Staat eine positive Entwicklung in Gang bringen?

Es ist klar, der immer wieder geforderte Ruck durch Deutschland muss endlich erfolgen, die erforderlichen Reformen müssen angegangen und umgesetzt werden. Jeder muss den Erfolg wollen, denn wir sitzen alle in einem Boot! Wirklich gelingen kann dies in der heutigen Situation aber nur, wenn sich die vom Staat und der öffentlichen Hand vorgegebenen Rahmenbedingungen ändern.

Sie und unser gesamtes Bildungssystem sind beinahe völlig aus dem Ruder gelaufen, selbst verschuldet. Hier kann und muss sich etwas ändern, dann werden auch für Deutschland die nächsten Erhebungen bei PISA besser ausschauen. Wir können uns steigern, denn wir sind steigerungsfähig!

Immer mal wieder kann man von Bildungspolitikern hören, dass auch die Familie auf die heutigen Missstände Einfluss nehmen könne, ja dass die Einflussnahme dort beginnen müsse. Hier kann ich nur aus vollem Herzen zustimmen. In einigen Fällen mag dies aber auch der Versuch sein, die Probleme aus dem eigenen Verantwortungsbereich zu verschieben, von sich abzulenken. Eine solche Bemerkung hat auch kaum Auswirkungen dahingehend, dass man unbedingt aktiv werden müsste, denn das muss ja nun wirklich in der Familie erledigt werden! Und jeder weiß doch: Ein intaktes Familienleben ist die eigentlich beste Voraussetzung für die Vermittlung von Grundwerten und für eine gute Erziehung.

Genau an dieser Stelle gibt es – so meine ich – den Berührungspunkt der Sprüche von OMA und der PISA-STUDIE. Ich glaube nämlich fest daran, dass die Vermittlung von Grundwerten in der frühen Kindheit eine wesentliche Voraussetzung für das Gelingen späterer Lebensabschnitte, zunächst also der Schulzeit und später des Berufes ist. Und ich kann hierauf einen Schwur ablegen: Zur Vermittlung von Grundwerten waren OMAs Sprüche, Weisheiten und Redewendungen hervorragend geeignet! Da fällt mir wieder ganz spontan meine OMA ein: »Das Bäumchen biegt sich, der Baum aber nicht mehr.« Vielleicht hätte sie auch gesagt: »Was Hänschen nicht lernt, lernt Hans nimmermehr.«

Ich habe also nie einen Hehl daraus gemacht, dass ich der Familie bezüglich der Erziehung einen sehr großen Stellenwert zuordne, nie habe ich aber behauptet, dass sich für die Vermittlung von Grundwerten ausschließlich die Sprüche und Weisheiten von OMA eignen. Dies wäre doch eine zu starke Reduzierung der erzieherischen Arbeit, und wie heißt es doch auch: »Viele Wege führen nach Rom!«

In dem Maß, wie ich aber diese Sprüche, Weisheiten und Redewendungen immer wieder in meine Darstellungen – was damals und jetzt betrifft – einfügte, habe ich mir erhofft, die bei jeder Erziehung erforderlichen Grundwerte deutlich zu machen und wieder in die Gegenwart zu transportieren. Es kommt also weniger auf das Wie an, jeder muss den eigenen Weg erkennen und gehen, freiwillig, manchmal auch gezwungenermaßen, sozusagen der Not gehorchend. Erforderlichenfalls sollte man auch Rat und Hilfe in Anspruch nehmen, denn Erziehungsfehler lassen sich kaum noch korrigieren. Da wäre es eben gut, wenn man Zugriff auf »Ersatzinstitutionen« hätte, die Rat und Hilfe geben können.

Akzeptiert man, dass endlich der geforderte Ruck durch Deutschland gehen muss, dann muss man im Hinblick auf eine möglichst große Wirksamkeit das Mitwirken aller voraussetzen. Ich habe dies schon erwähnt. In der heutigen Situation, die wirklich mehr als verfahren ist, kann man aber von den einzelnen Familien und Bürgern nur noch eine Mitwirkung bei diesem Ruck erwarten, wenn von Seiten des Staates ein großer Motivationsschub erfolgt. Mit anderen Worten: Die Rahmenbedingungen müssen wieder vernünftige Formen annehmen und Reformen müssen endlich kraftvoll angegangen werden. Dazu ist es erforderlich, die öffentlichen Haushalte in Ordnung zu bringen. Wahrscheinlich kann dies nur noch durch den teilweisen Verzicht aller erreicht werden, das heißt aber durch Reduzierung des Lebensstandards. Es hilft alles nichts: Der Bund, die Bundesländer und die Kommunen müssen wieder einen finanziellen Spielraum haben, der die angemahnten Investitionen zulässt. Diese geldlichen Investitionen und die vielfältig erforderlichen sonstigen Anstrengungen dürfen sich aber nicht verzetteln.

Das heißt, dass man endlich auch mal über einen funktionierenden Mechanismus bezüglich einer dies steuernden Institution nachdenken muss, auf Bundesebene. Es nützt nämlich herzlich wenig, wenn in Berlin die entsprechenden Ministerien mit erheblichem Aufwand arbeiten, letztlich aber in punkto Erziehung und

Bildung jedes Bundesland macht, was es gerade für richtig hält, und macht, was gerade der eingeschlagenen politischen Richtung entspricht. Wofür gibt es eigentlich – so muss man sich doch fragen – ein Bundesministerium für Bildung und Forschung? Nein, es muss endlich möglich sein, bei den Bundesländern die Vernunft siegen zu lassen und dem Bund eine führende Rolle zuzugestehen! Dies könnte einheitliche Standards in ganz Deutschland zur Folge haben, eine der wichtigsten Voraussetzungen für unser Bildungs- und Schulwesen. Die Ausführungshoheit könnte dabei nach wie vor den Bundesländern obliegen.

Dabei wäre es sicher förderlich, die Anzahl der Bundesländer zu verringern. Das Mindeste wäre, die Stadtstaaten in die entsprechenden Bundesländer zu integrieren. Ein bisschen mehr Zentralismus würde trotzdem noch genügend Raum für Föderalismus, an dem wir so sehr hängen, übrig lassen. Mit anderen Worten: Die einzelnen Bundesländer müssen da und dort etwas mehr »zu ihrem Glück gezwungen« werden, ebenso wie dies auch bei vielen Menschen der Fall ist. Ich sage also: Der Föderalismus ist unerträglich ausgeufert, ihm müssen konsequent die Flügel gestutzt werden. Das ist das Mindeste und ich gehe in Gedanken noch einen Schritt weiter: Passt der Föderalismus in Deutschland überhaupt noch in die Konstruktion des vereinigten modernen Europas? Und wer könnte hier eine Änderung herbeiführen? Leider sind es wieder die vielen Amtsinhaber, denen dadurch ein großer persönlicher Nutzen entgehen würde, und deshalb wird es wohl bei einer Fehlanzeige bleiben.

Unser Grundgesetz regelt zwar, dass die Ausübung der staatlichen Befugnisse und die Erfüllung der staatlichen Aufgaben Sache der Länder ist, aber immer – so meine ich – unter der Voraussetzung eines hohen Qualitätsstandards. Dem übergeordneten Bund, also dem Zentralstaat, kommt nur die Aufgabe der unterstützenden Hilfeleistung zu und er soll nur dann die Aufgaben übernehmen, wenn die Länder, also die Gliedstaaten, mit deren Wahrnehmung überfordert sind. Dies scheint mir in Sachen Bildung und Erziehung doch da und dort der Fall zu sein. Was die erforderlichen einheitlichen Standards des deutschen Bildungs- und Erziehungssystems angeht, können diese sicher nur mit unterstützenden Hilfeleistungen einer Zentralstelle erreicht werden. Diese Zentralstelle sollte frei von politischen Interessen arbeiten, denn Bildung und Erziehung darf nicht für die Politik missbraucht werden. Außerdem würde sich auch der Vorteil ergeben, dass – unabhängig von der Dauer der Legislaturperioden – eine über einen größeren Zeitraum kontinuierliche Arbeit gewährleistet wäre.

In diesem Zusammenhang möchte ich ein Beispiel anführen, das zeigt, wie perfekt eine die Bundesländer übergreifende steuernde Institution wirken kann. Ich meine hier die für das Eintreiben der Steuern zuständige Behörde in Berlin, das Bundes-Finanzministerium, in Zusammenarbeit mit den entsprechenden Landesbehörden. Es ist nämlich so, dass in der Frage der pünktlichen Steuereintreibung – hinsichtlich eines derart urwüchsigen Interesses des Bundes und der Länder – Methoden erdacht wurden, die es kaum noch zulassen, dass irgendetwas nicht funktioniert. Zumindest ist es so, dass man den »Normalbürger« fest im Griff hat. Ist es nicht erstaunlich, wie der Bund und alle Bundesländer zu einem Konsens fähig sind, bis hin zu bundeseinheitlichen Formularen? Da muss man doch auch wirklich einmal ganz massiv das urwüchsige Interesse in Sachen Bildung und Erziehung anmahnen dürfen. OMA sagte immer: »Wo ein Wille ist, da ist ein Weg.«

Wir haben in unserem Land wirklich große Probleme hinsichtlich Bildung und Erziehung zu bewältigen. Mehr und mehr werden sie jedoch zerredet. Dieses Zerreden müsste zuerst beendet werden. Ein Bildungskonzept muss her, die Grenzen der Bundesländer überschreitend, tauglich auch Maßstäbe für Europa zu setzen. Darüber hinaus müssen aber auch die erforderlichen finanziellen Mittel zur Verfügung gestellt werden.

Hier möchte ich nochmals die Institutionen ins Gespräch bringen, die wir heute – neben der Familie – aus den genannten Gründen unbedingt in ausreichender Zahl benötigen. Ich meine die Betreuung in Kinderkrippen für die ganz Kleinen, Kindergärten für die etwas Größeren, Schule mit Kinderhort, erforderlichenfalls als Ganztagseinrichtungen. Hierüber besteht ja auch ein breiter Konsens, doch leider meist mehr Worte als Taten und begründet mit Geldmangel. »Was nützt das Gegacker, wenn kein Ei gelegt wird?« Diese Schieflage macht Angst und sie macht ärgerlich, denn ohne Bewältigung dieses Problems werden wir uns von dem »Damals« immer weiter entfernen. Der Ärger hierüber wird beinahe unerträglich, wenn man bedenkt, dass es in einem Teil Deutschlands, nämlich in der ehemaligen DDR, solche unbedingt in ausreichender Zahl erforderlichen Institutionen gab, meist gut funktionierend. Mit dem Abschütteln der damals in der DDR üblichen politischen Komponente, nämlich der »politischen Früherziehung«, und eventuell geringer sonstiger Modifikationen sowie einer soliden finanziellen Ausstattung wäre nach der Wende zur Erhaltung dieser Institutionen nur ein relativ kleiner Aufwand erforderlich gewesen. Wir hätten gehabt, was uns heute fehlt, zumindest in sechs Bundesländern und als Modell für den Rest unseres Landes.

Als einer, der schon immer in einem der westlichen Bundesländer lebt und als einer, der auch froh darüber ist, möchte ich hier bemerken, dass nicht nur die Rahmenbedingungen und unser Bildungssystem aus dem Ruder gelaufen sind, sondern dass der Westen auch diese Rahmenbedingungen und dieses Bildungssystem in die neuen Bundesländer transportiert hat. Da wurde den Lehrern und Erziehern im Osten unseres Landes doch einiges zugemutet und übergestülpt. Die angesprochenen heutigen Probleme wurden somit gesamtdeutsch, vor der Wiedervereinigung waren sie nur westdeutsch.

Wenn man es fertig bringt, sich heute einzugestehen, dass unseren Landsleuten im Osten bei der Wiedervereinigung in vielen Dingen Unrecht geschehen ist und wenn man es auch fertig bringt, den hohen Leistungsstand in der ehemaligen DDR bezüglich

Erziehung und Bildung sowie in anderen Bereichen anzuerkennen, dann sehe ich hierin eine gute Chance zum Erkennen der Erforderlichkeiten für die Zukunft unseres Landes insgesamt. Löst man also einmal den Bereich Erziehung und Bildung aus dem, was politisch in der DDR dahinter gestanden hat, heraus, dann lassen sich Komponenten erkennen, die es wert gewesen wären, übernommen zu werden. Dies zu erkennen sollte einem toleranten Menschen doch eigentlich, nach jetzt vielen Jahren des Abstandes zur Wende, möglich sein. Wir könnten heute sehr viel weniger Probleme haben!

Es ist also sicher ein verhängnisvoller Fehler gewesen, die in den neuen Bundesländern obligatorischen Kinderkrippen und Kinderhorte zu einem großen Teil zu schließen. Ganz davon abgesehen, dass dies schlimme Folgen hinsichtlich der Kindererziehung hatte, ist es auch so, dass eine Menge Arbeitsplätze vernichtet wurden. Heute zahlt man also statt der Löhne in erheblichem Maß das Arbeitslosengeld oder andere Unterstützungen. Dies ist eine Tatsache, die nicht gerade von Intelligenz zeugt, sie ist auch von einer gehörigen Portion an Hochmut gekennzeichnet. Da möchte ich wieder OMA sprechen lassen: »Hochmut kommt vor dem Fall.«

Ich möchte nun nicht behaupten, dass ich die früheren Verhältnisse in der DDR als uneingeschränkt ideal empfinde, denn der effektivste Ort zur Realisierung einer guten Erziehung wird sicher die Familie bleiben, vorausgesetzt, dass Mutter anwesend ist und in der Familie auch sonst alles funktioniert. Dies ist heute in vielen Familien – wie besprochen – nicht mehr der Fall, denn die Mutter geht oft einer Beschäftigung außer Haus nach oder kümmert sich schlicht und einfach nicht um die Erziehungsarbeit. Arbeit außer Haus war aber auch in der DDR meist obligatorisch, in der Regel war die Mutter den ganzen Tag auf der Arbeit, in vielen Fällen war es wirtschaftlich unabdingbar. Es war jedoch in diesem System für alle Kinder eine Betreuung und Versorgung über den ganzen Tag sichergestellt. Genau dies fehlt heute bei uns, auch in den Fällen, wo sich die Mutter aus irgendwelchen anderen

Gründen nicht ausreichend kümmern kann, man denke nur an Krankheit oder an sonstige Notfälle.

Das Bildungs- und Erziehungssystem in der DDR hatte auch unbestritten den großen Vorteil einer im ganzen Land homogenen Erziehung, zumindest vor dem Eintritt in die schulische Ausbildung. Sicher ein Stück kritisch zu betrachtender Zentralismus, jedoch eine wünschenswerte Voraussetzung für eine effektive Arbeit in der nachfolgenden Schulzeit. Individuelle Unterschiede, besondere Fähigkeiten, aber auch Defizite wurden frühzeitig erkannt und mit dem Kinderhort beginnend auch in allen nachfolgenden Institutionen, also den Kindergärten und den Schulen, bei der Erziehung berücksichtigt. Keinesfalls war dies eine Gleichmacherei im negativen Sinn und wie man heute hören kann, gab es in der ehemaligen DDR viel weniger Probleme hinsichtlich der Disziplin. Konzentrationsfähigkeit und kreatives Verhalten sowie das Erkennen und die Förderung von Begabungen waren meist die Regel.

In diesem Zusammenhang ist auch zu erwähnen, dass den Kindern in der DDR eine ausgewogene Vorschulausbildung zuteil wurde, so beispielsweise in der Mengenlehre oder auch in künstlerisch-kreativen Gebieten. Vor der Einschulung war also bereits der Grundstein zum Denken gelegt und so sind die Erfolge eingetreten und auch anderen Ländern nicht verborgen geblieben. Wenn man heute in der PISA-STUDIE den Stellenwert Finnlands bewundert (Tabelle 2), dann sollte man sich auch daran erinnern, dass zwischen den Kultusbehörden Finnlands und der DDR eine enge Zusammenarbeit und gegenseitige Befruchtung erfolgte. Diese Tatsache ist sicher dazu geeignet, dem einen oder anderen Bildungspolitiker der BRD ein Licht aufgehen zu lassen.

In der DDR gab es beispielsweise auch die häufig genutzte Möglichkeit, an die gymnasiale Ausbildung eine Berufsausbildung zu koppeln. Beide Sparten haben sich gegenseitig befruchtet, die Schüler standen schon ein Stück weit im Leben und haben sich daran gewöhnt, schon mal Verantwortung zu übernehmen. Wie ist es aber heute – in allen Bundesländern mehr oder weniger? An den Gymnasien geht häufig der Bezug zur Realität verloren, und die Spaßphasen überwiegen. Was ist dies für eine Vorbereitung auf das Leben? Kann es das geben, dass eine große Zahl von Abiturienten für das Studium unzureichende Eingangsvoraussetzungen mitbringen oder dass innerhalb Deutschlands die Reifezeugnisse einen unterschiedlichen Wert haben? Kann es denn möglich sein, dass eine Schülerin oder ein Schüler mit den Eltern den Wohnsitz beispielsweise von Bayern nach Bremen verlegt und sich dann im Unterricht langweilt? Sicher noch schlimmer ist der umgekehrte Fall, denn alleine der Umzug von Bremen, Sachsen-Anhalt oder Brandenburg nach Bayern, Baden-Württemberg oder Sachsen hat wegen des kaum zu überbrückenden Bildungsdefizits die Wiederholung einer ganzen Klasse oder intensive Nachhilfeunterrichte zur Folge.

Ich möchte nochmals behaupten, dass die Vermittlung von Grundwerten von elementarer Bedeutung ist. Nur wenn dies in der frühen Kindheit gelingt, kann anschließend die Institution Schule optimal wirksam werden und auf diesen Grundwerten aufbauen. Es wäre aber ein Trugschluss anzunehmen, dass sich der schulische Erfolg automatisch bei all den Schülern einstellt, denen im Elternhaus oder einer sonstigen Institution die genannten erzieherischen Werte vermittelt wurden, und alle anderen Schüler wären ohne Erfolg. Entscheidend für den Erfolg in der Schule insgesamt ist nämlich, dass bereits einer Vielzahl von Schülern, im Idealfall allen, die für das Leben wichtigen Regeln vermittelt sind. Wenn also eine diesbezügliche Homogenität in den Klassenverbänden ein Mindestmaß unterschreitet, dann wird es nur erschwert möglich sein, einen guten Unterricht zu realisieren. Die Gefahr, dass in diesem Fall eine Klasse insgesamt abstürzt, ist dann wirklich gegeben. Mit PISA wurde ermittelt, dass es auch offenbar eine Resistenzgrenze gibt, sie liegt bei etwa 20 Prozent. Diese wird aber in vielen Fällen weit unterschritten. Man muss sich dies einmal vorstellen: Bereits 20 Prozent der Schüler – oft sind es aber viel weniger – können den Absturz einer ganzen Klasse verursachen. Manchmal ist eine zufrieden stellende vorschulische Erziehung nur noch bei weniger als einem Drittel der Kinder feststellbar, damals war dies aber beinahe durchgängig der Fall. Die heutigen Sünden der Vorschulzeit rächen sich also morgen in der Schule.

Verstärkt wird dieser Effekt auch noch dadurch, dass viele Ausländerkinder Probleme mit der deutschen Sprache haben. Deswegen muss die Integration von Ausländern mit dem sicheren Erlernen der deutschen Sprache in Wort und Schrift verbunden sein. Ich kenne viele Fälle, wo dies erfreulicherweise und erfolgreich gelungen ist, durchaus auch zum großen Vorteil der ausländischen Mitbürger. Es ist also ein gerüttelt Maß an Sozialkompetenz und auch an Sprachkompetenz erforderlich, bereits beim Eintritt in die Grundschule!

Es darf natürlich auch nicht verschwiegen werden, dass zum Gelingen der Vorschulausbildung, der schulischen, aber auch der beruflichen Ausbildung bei den agierenden Erziehern, Lehrern und Ausbildern das Vorhandensein von Grundwerten vorausgesetzt werden muss. Und da wiederhole ich mich: Diese Grundwerte müssen den Schülern und Auszubildenden vorgelebt werden! Hierauf sollten auch die standespolitischen Verbände der Lehrer und Erzieher einwirken. Erst wenn sich hier etwas bewegt hat, ist es berechtigt, wieder über Gehaltserhöhungen, vielleicht auch über Stundenreduzierungen zu diskutieren. Wie sagte da doch meine OMA: »Dies ist besser als einer leeren Kutsche nachgelaufen.« Die Kassen sind nun mal leer!

Es wurde bereits erwähnt, dass es mit PISA auch gelungen ist, Mängel hinsichtlich der diagnostischen Kompetenz der Lehrkräfte aufzudecken. Angesichts dieser Diagnose sollte es nun endgültig »Schluss mit lustig« sein, wir müssen uns jetzt den wichtigsten Schlagworten der Therapie zuwenden:
- Motivation der Schüler,
- Erkennen der individuellen Lernvoraussetzungen
- Überwachung von Aufgaben und Übungen,

- Hilfestellung anbieten und geben,
- Anleitung zum selbständigen und kreativen Arbeiten ,
- Anleitung zur Selbstkontrolle,
- Steigerung des Leistungswillens,
- Steigerung des Verantwortungsbewusstseins,
- Beobachtung und Beeinflussung des Sozialverhaltens,
- Hinführung zu ehrenamtlichen Tätigkeiten,
- Begabungen erkennen und fördern,
- Sich den Schülerproblemen annehmen – auch im privaten Bereich,
- Vertrauen wecken.

Bereits in der Erzieher- und Lehrerausbildung sollten diese und andere »Therapiepunkte«, die man unter dem Begriff »Hinführung zum wirklichen Leben« zusammenfassen könnte, im Vordergrund stehen. Dies wäre wesentlich sinnvoller, als sich auf höchst wissenschaftlicher Ebene mit pädagogischen Theorien auseinander zu setzen. Da muss sich unbedingt auch bei den Lehrern unserer Lehrer und Erzieher, das heißt in den Universitäten, etwas tun.

Zu fordern ist also eine praxisorientierte und lebensnahe Lehrerausbildung an den Universitäten, den Seminaren und in der Lehrerfortbildung. Nutznießer wären nicht nur die Lehramtsstudentinnen und -studenten, sondern vor allem auch in einem ganz erheblichen Maß deren spätere Schüler. Bei einer derart angelegten Lehrerausbildung würde auch so mancher Lehrperson bei Berufsbeginn der so oft beklagte »Praxisschock«, der schon oft zur Aufgabe des gerade erst begonnenen Berufes geführt hat, erspart bleiben.

Zu bedenken ist auch in diesem Zusammenhang, dass die heute in Berufsschulen tätigen Lehrer oft über kaum nennenswerte praktische Berufserfahrungen verfügen, zumindest im gewerblich-technischen Bereich. Über einen Abschluss in einem Lehrberuf verfügen die »Theorielehrer« kaum noch. Ihre eigene Ausbildung ist beinahe rein akademisch, von weitreichender Theorie enorm überfrachtet. Kann dann überhaupt noch von einem ausreichenden Einfühlungsvermögen in die Situation der Auszubildenden ausgegangen werden? Ist dies nicht die erste Voraussetzung? Ich stehe hier mit meiner Meinung nicht alleine da: Die Dinge wurden im Laufe der Jahre geradezu auf den Kopf gestellt! Mit OMA gesprochen: »Buschbohnen brauchen keine Stangen.«

Es wird also förderndes und forderndes Engagement der Erzieher, Lehrer und Ausbilder verlangt und jedem Lehrer sollte auch wieder klar sein, dass das Dienen vor dem Verdienen stehen muss. Diese grundsätzlich erforderlichen Eigenschaften können eigentlich nur dann bei einer Lehrerin oder einem Lehrer vorhanden sein, wenn diese oder dieser den Lehrerberuf bereits vor der Berufsentscheidung nicht nur als Beruf, sondern als eine Berufung empfindet. Der Lehrberuf ist ein Beruf, der den ganzen Menschen fordert! Deshalb müssen auch alle Doppelfunktionen, die sich bei weiblichen Lehrkräften meist durch die zu versorgende Familie ganz automatisch ergeben, kritisch betrachtet werden. Nicht nur deshalb wäre es gut, wenn in Zukunft im Lehrbetrieb zumindest auf eine Parität der Geschlechter, die ja auch ansonsten so massiv gefordert wird, geachtet würde.

Ich meine auch, dass es für Lehrer – unabhängig von der Schulform – dringend erforderlich ist, sich in einem Teil ihrer Ferienzeit in Betrieben umzusehen oder sich sonst wie schulen zu lassen, beispielsweise in der EDV. Dies ist auch zumutbar, und man sollte doch meinem, dass man mit einer solchen Forderung bei einem verantwortungsbewussten Lehrer offene Türen einrennt. Ich stelle mir da jährlich etwa einen Monat vor, so dass immer noch zwei Monate Ferienzeit verbleiben würden. Mit einer solchen Maßnahme könnten – nach OMA – mehrere Fliegen mit einer Klappe geschlagen werden. Erstens würden die Lehrkräfte am Ball bleiben, der Bezug zur Realität ginge nicht verloren und der Vorteil für die Schüler wäre dadurch immens, ein Motivationsschub wäre die Folge. Viele Unterrichte könnten realistischer, ja glaubwürdiger gestaltet werden und würden so dazu beitragen, besser auf das Leben vorzubereiten. Noch einen zweiten – für die Lehrkräfte höchst eigennützigen – Vorteil möchte ich einer solchen Maßnahme zuschreiben: Lehrer und Erzieher würden selbst einen großen Beitrag zur Aufwertung ihres Berufsstandes leisten, glaubwürdig und für jedermann sichtbar. Dies ist mehr als erforderlich.

Wenn dies durch entsprechende Reformen – im ganzen Land – alles wieder durchgängig zur Realität wird, dann werden die Erzieher und Lehrer mit einer gestärkten Autorität aus einer solchen Entwicklung hervorgehen. Es ist – wie gesagt – mehr als erforderlich!!

In dieser Richtung kann sich aber nur wirklich etwas entwickeln, wenn es auch gelingt, eindeutige, einheitliche und klare Leistungs- und Qualitätsstandards zustande zu bringen. Auch einheitliche Beurteilungsstandards müssen in Zukunft im ganzen Land eine Selbstverständlichkeit sein. Doch hiermit nicht genug: Die Erfüllung dieser Qualitäts- und Beurteilungsstandards muss überprüft werden, durch Zwischen- und Abschlussprüfungen in allen Schulformen, einschließlich der Hauptschule und auch zentral gesteuert, von den Bundesländern durchgeführt. Dies hätte ein erhöhtes Bildungsniveau und eine Aufwertung aller Schulformen – auch der Hauptschule – zur Folge, dies alleine schon dadurch, dass Schüler ohne guten Willen kaum noch eine reelle Chance hätten. Sie wären quasi zum »Beidrehen« gezwungen. Dieses Beidrehen könnte durch eine gezielte Sozialarbeit sehr befördert werden, und auch die »Ersatzinstitutionen« könnten hier einen wichtigen Beitrag leisten. Eine gute finanzielle Ausstattung muss allerdings auch hier vorausgesetzt werden. Außerdem wären aber auch alle Lehrer – vor allem die vielen Minimalisten – zur Erfüllung der Qualitätsstandards gezwungen, denn auch sie würden bei den zentral gesteuerten Prüfungen automatisch einer Kontrolle mitunterzogen.

Es muss endlich aufhören, dass die Begriffe »pädagogische

Fehlleistung« und »pädagogische Freiheit« verwechselt werden. Dadurch würden die zahlreichen Negativbeispiele, mal ein Film hier oder mal ein Tonband da, aufhören und der Berufsstand der Lehrer könnte sich wieder zu dem entwickeln, was er einmal war und unbedingt auch sein muss. Wie gesagt: die Autorität der Lehrer wäre gestärkt.

In diesem Zusammenhang möchte ich zu bedenken geben, dass es in der freien Wirtschaft heute üblich ist, eine Zertifizierung hinsichtlich einer leistbaren Qualität anzustreben. Dies bedeutet, dass den sich darum bemühenden Betrieben von einer unabhängigen Stelle ein Qualitätsstandard bezüglich ihrer Leistungsfähigkeit bescheinigt wird. Vorraussetzung hierfür ist natürlich, dass die Betriebe ihre Leistungsfähigkeit unter Beweis stellen, und zwar entsprechend eines Regelwerkes, das als Qualitätsnorm ISO 9000 bekannt ist. Mittlerweile gibt es auch bereits eine europäische Norm (EN), die sich mit diesem Sachverhalt befasst. Für viele Betriebe ist dieser Weg marktpolitisch notwendig und er ist meist auch überlebenswichtig, er hat eine existentielle Bedeutung. Man sieht daran, dass die Feststellung und Einhaltung von Qualitätsstandards machbar ist, und sie bringt etwas. Warum also nicht so etwas auch in unseren Bildungseinrichtungen?

Angesichts der zu bewältigenden Aufgaben wird es höchste Zeit, dass die zuständigen Behörden endlich aus ihrem Tiefschlaf erwachen! Es kann doch nicht angehen, dass uns eine wirtschaftlich durch den Staat so überproportional abgesicherte Beamtenschaft so wenig Nutzen bietet. Eile tut wirklich Not und meine OMA würde hier sagen: »Was du heute kannst besorgen, das verschiebe nicht auf morgen.«

Eine Stärkung der Autorität von Lehrern und Erziehern würde sich auch ergeben, wenn allen Bürgern klar gemacht würde, dass die Arbeitszeit eines Lehrers nicht nur aus der Pflichtstundenzahl und der Teilnahme an Konferenzen besteht. Ein engagierter Lehrer – und solche gibt es noch – hat eigentlich immer etwas zu tun. Er kann sich aber einen Teil seiner zu Hause zu erbringenden

Arbeitszeit dort hinlegen, wo es ihm gerade passt. Deshalb kommt es auch da und dort vor, dass ein Lehrer mal zu einer Tageszeit einen Spaziergang macht, wenn andere arbeiten müssen, deshalb braucht er noch lange kein Faulenzer zu sein. Dies glauben aber heute viele Menschen, zumindest sagen sie es und predigen dies auch noch völlig verantwortungslos ihren Kindern. Dabei wird nicht mal mehr darüber nachgedacht, wie man selbst positiv auf seine Kinder einwirken und so zu einer Entlastung im Schulbetrieb beitragen könnte. Man sollte auch einmal über die Arbeitsintensität einer Unterrichtsstunde nachdenken. Gegenüber einer Arbeitsstunde im Büro oder an der Werkbank ist sie in der Regel beim Lehren mindestens doppelt so groß!

Kurzum: Ich bin der Meinung, dass die Autorität der Lehrer und Erzieher eine wesentliche Komponente zum Erreichen der Bildungs- und Erziehungsziele ist. Jeder Bürger sollte sich also einmal an die Brust klopfen und vor dem Aussprechen einer negativen Äußerung »vor seiner eigenen Türe kehren«. Dann könnte sich wieder ein gesellschaftliches Bewusstsein dahingehend entwickeln, dass Schule nichts Nebensächliches, nichts Minderwertiges und erst recht nichts Feindliches ist. Dieses gesellschaftliche Bewusstsein ist für unser Volk von größter Bedeutung! Man sollte deswegen immer an das Motto des deutschen Kinderhilfswerkes denken: »Auf die Kinder kommt es an«, denn unsere Kinder werden die Zukunft unseres Landes gestalten!

Wenn man sich dessen bewusst ist, dann resultiert daraus, dass sich Erziehende und Schule als Schicksalsgemeinschaft verstehen müssen. Der Wille zur uneingeschränkten Kooperation muss zu einer Selbstverständlichkeit werden, im ganzen Land und in allen Schulgemeinschaften. Lippenbekenntnisse auf den Elternabenden genügen aber nicht, es müssen Kooperationsabkommen geschlossen werden, und zwar in schriftlicher Form. Ja, dies meine ich allen Ernstes, und ich erinnere wieder an OMA: »Was du schwarz auf weiß besitzt, kannst du getrost nach Hause tragen.« Solche Kooperationsabkommen könnte man auch als »Erziehungsverträge« bezeichnen, und sie sollten in schriftlicher Form an solchen Plätzen hängen, die den »Vertragspartnern« auch präsent sind: am Küchenbrett und im Klassenzimmer und dort, wo die Hausaufgaben erledigt werden, in der Familie und in den »Ersatzinstitutionen«. So sollte es doch möglich sein, die wichtigen Dinge in punkto Erziehung und Bildung in die Köpfe der beteiligten Menschen zu bekommen. Denken wir daran: »Was du heute denkst, wirst du morgen tun.« Schulleiter, Vertrauenslehrer, Klassenlehrer, Elternbeiräte wären hier in einem besonderen Maß gefordert. Bei erfolgreicher Arbeit sollte man nicht sparsam mit Belobigungen umgehen. Wie wäre es mit einem »Bildungspreis« und mit Leistungsprämien für besonders erfolgreiche Pädagogen? Auch ein Gedankenaustausch und eine Zusammenarbeit zwischen den verschiedenen Schulen könnte hier dienlich sein.

Ich könnte mir aber vorstellen, dass es auch universelle, das heißt »orts-unabhängige Punkte« gibt, also Punkte, die für jede Schule relevant sind. Auch hier könnte eine Zentralstelle für Erziehung und Bildung tätig werden, der Nutzen wäre unermesslich. Voraussetzung hierfür ist, dass der Staat endlich die Initiative ergreift. Wie wäre es also mit der zentralen Entwicklung eines Standardvertrages, der aber noch eine weitere individuelle Ausgestaltung der betreffenden Schulgemeinschaft zulassen würde, und wie könnten solche individuellen Vertragspunkte lauten? Was fördert also Bildung und Erziehung in einem besonderen Maß?

Wie wäre es mit
- Einschränkung von Fernseh- und Computerspielen,
- Kritisches Sortieren von Film- und Fernsehangeboten,
- Hausaufgabenkontrolle,
- Lesen eines Buches in den Ferien,
- Einschreiten gegen Gewalt,
- auf Umgangsformen achten,
- täglich vor der Schule ein Frühstück ohne Hetze,
- ausgeschlafen zur Schule gehen,

- gemeinsame Mahlzeiten als Gelegenheit zur Kommunikation nutzen,
- Freizeit sinnvoll nutzen,
- sportliche Aktivitäten entfalten,
- Erfahrungen austauschen,
- Zeit füreinander haben und gemeinsam etwas Sinnvolles tun,
- hilfsbereites Vorbild sein?

Solche Kooperationsverträge sollten also grundsätzliche Punkte enthalten und darüber hinaus sollte eine individuelle Ausgestaltung sichtbar sein. Man könnte sie zu einem Bestandteil eines Qualitätsstandards machen, und damit erreichen, dass sich auch ein Wettbewerbsgedanke unter den Schulen ausbreitet. Wenn es gelänge, eine solche Erziehungsmaßnahme schlagartig umzusetzen, könnte dies zum geforderten Ruck, der ja durch das ganze Land gehen soll, führen. Und was wäre dagegen einzuwenden, wenn auch Kinderkrippen, Kindergärten und Horte von einem solchen Ruck gleich miterfasst würden?

Staatliche Hilfen für die Erziehenden sind erforderlich, sehr verstärkt in den unteren und weniger oder überhaupt nicht in den oberen Sozialstrukturen. Diese Differenzierung wird sicher da und dort Widerspruch erzeugen, ich glaube aber fest, dass die Probleme anders nicht lösbar sind. Ist es denn einzusehen, dass beispielsweise allen Erziehungsberechtigten – unabhängig vom sozialen Stand – für jedes Kind der gleiche Betrag an Kindergeld gezahlt wird, vom Verwaltungsangestellten bis hin zum Bundeskanzler, vom Arbeiter bis zum Manager. Wie bitte? Mit dem Grundgesetz nicht vereinbar? Dann muss es eben geändert werden, zeitgerecht! Alle müssen es wollen: Die Rahmenbedingungen müssen sich ändern! Reformen müssen angegangen werden!

Bei der Bereitstellung der benötigten Gelder sollte also das »Prinzip Gerechtigkeit« im Vordergrund stehen, das heißt aber, dass starke Schultern mehr tragen müssen. So wäre doch beispielsweise auch ein gestufter Beitrag für den Kindergarten, entsprechend der Sozialstruktur, eine gerechte Sache. Auch eine Ausbildungsplatzabgabe für Betriebe, die nicht ausbilden, wäre mehr als angebracht. Firmen mit einer hohen Ausbildungsrate sollten hingegen einen entsprechenden und staatlich garantierten Ausbildungsplatzzuschuss erhalten, denn Ausbildung hat einen hohen Wert. Dies war auch der Grund dafür, dass es zu OMAs Zeit üblich war, dem Lehrbetrieb ein »Lehrgeld« zu zahlen. Bei nicht gut ausgebildeten Zeitgenossen oder Pfuschern war deshalb auch OMA schon mal mit einem »Der soll sich sein Lehrgeld wiedergeben lassen« bei der Hand.

Zum Thema Gerechtigkeitsprinzip gehört es auch, darüber noch viel mehr nachzudenken, wem staatliche Unterstützungen überhaupt zustehen. Grundsätzlich ist dieser Personenkreis ja definiert, es sind die Bedürftigen. Dabei denke ich nicht nur an Arbeitslose, Kranke und Sozialhilfeempfänger, nein ich meine auch noch Gruppen, bei denen sich die Bedürftigkeit aus anderen Gründen ergibt. Hierzu gehören beispielsweise auch diejenigen, die nach dem Bundesausbildungsförderungsgesetz (BAföG) gefördert werden. Leider ist es aber so, dass sich in der Gruppe der Bedürftigen viele Menschen befinden, die überhaupt nicht bedürftig sind oder die ihre Situation durch Eigeninitiative selbst verbessern könnten. Diese Menschen, die sich auf den Schultern anderer ausruhen, herauszufinden und deren Verhaltensweise zu ändern, würde uns ein großes Stück weiterbringen. Die dadurch frei werdenden Gelder könnten wirklich besser genutzt werden.

Wenn sich unser Sozialstaat nicht auf der Grundlage einer breiten Einsicht der Bevölkerung ändert, dann muss mit weiteren schlimmen Verwerfungen unserer Gesellschaft gerechnet werden. Irgendwann – vielleicht schon in naher Zukunft – werden diese Verwerfungen nicht mehr reparabel sein.

Es ist auch absolut untragbar, wenn Anzahl, Größe und Ausstattung von Kinderkrippen, Kindergärten und Schulen nicht ausreichend sind, wenn für die unteren Bevölkerungsschichten kaum eine Auswahlmöglichkeit besteht und wenn die erforderliche Dichte dieser Einrichtungen nicht gegeben ist. Für viele Kinder kann überhaupt kein Platz zur Verfügung gestellt werden. Nicht hinnehmbar ist es, dass eine Ganztagsbetreuung noch immer die Ausnahme ist, dass es an Lehrern und Erziehern mangelt und dass dadurch die Gruppen oft viel zu groß sind. Man muss sich endlich der Realität stellen, denn es ist nicht mehr der Regelfall, dass die Mutter zu Hause ist. Wird nicht auch von allen Parteien ständig ein modernes politisches Bild vorgegaukelt, indem man beispielsweise immer wieder die Vereinbarkeit von Familie und Beruf propagiert, ja fordert? Es ist schon recht, die Rahmenbedingungen müssen aber stimmen, da liegt das politische Betätigungsfeld!

Gezeichnet von OMAs Sprüchen, Weisheiten und Redewendungen hat für mich auch das Wort Bescheidenheit einen großen Stellenwert. So muss ich mich am Ende meiner Überlegungen doch fragen, ob alle an den Staat gestellten Forderungen nicht doch anmaßend sind, von einer gewissen Unbescheidenheit, ja Unverschämtheit gekennzeichnet. Lange brauchte ich hierüber nicht nachzudenken. Das Ergebnis meiner Überlegungen ist nun aber ganz eindeutig: Ja, wir dürfen vom Staat alle diese Leistungen einfordern, denn er hat sie uns versprochen und er ist verpflichtet, diese zu erbringen. Und schließlich ist es auch so, dass alle Bürger hierfür kräftig zur Kasse gebeten werden, immer ein bisschen mehr. Mit anderen Worten: Die Politiker müssen sich etwas einfallen lassen. Parteipolitik ist durch Sachpolitik zu ersetzen, es ist wirklich fünf Minuten vor zwölf.

Darüber hinaus muss aber jedem Bürger klar sein, dass das, was vom Staat erwartet werden kann, alleine nicht genügt. Jedem muss Verantwortungsbewusstsein, Solidarität und alle erdenkliche Mithilfe zugemutet werden. Nur so können wir es schaffen, und jeder sollte daran denken: »Einigkeit macht stark.«

Wie es bei den nächsten PISA-Erhebungen für Deutschland aussehen wird, hängt davon ab, ob es gelingt, alle diejenigen, die etwas ändern können, in ein Boot zu bekommen. Der Staat muss aber den Schlepper zur Verfügung stellen.

Mit OMAs Sprüchen habe ich mir auch erhofft, dass ich die Bedeutung von Nestwärme und Liebe beim Umgang mit Kindern und Jugendlichen und damit den Stellenwert der Familie deutlich machen konnte. Ich bin restlos davon überzeugt: Die Familie ist am besten dafür geeignet, Kindern Nestwärme und Liebe angedeihen zu lassen, und ich habe auch schon erwähnt, dass dies eine Mutter, und natürlich auch eine Großmutter, in der Regel am besten fertig bringt. Wenn es gelingt, diese Weisheit auch ein Stück weit zur Richtschnur in den heute immer mehr erforderlichen »Ersatzinstitutionen« werden zu lassen und wenn es dort auch gelingt die erforderlichen Grundwerte zu vermitteln, dann sehe ich doch noch für unser Land in eine gute Zukunft.

... und nochmals OMA

OMA wurde am 27. Dezember 1875 geboren. Mit diesem Datum hatte die Familie einen »dritten Weihnachtstag«, so hat sie diesen Tag jedenfalls immer bezeichnet. Wenn hiervon die Rede war, konnte man mit absoluter Sicherheit davon ausgehen, dass sie hinzufügte: »Man muss die Feste feiern, wie sie fallen.«

Zum Zeitpunkt des frühen Todes ihres Mannes – des Schmiedes – waren OMAs drei Töchter bereits aus dem Haus, so dass sie dort alleine zurückgeblieben ist und sich auch noch über viele Jahre alleine versorgt hat. Das kleine Haus mit Schieferfassade und den gemütlichen kleinen Zimmern stand mitten im Dorf, unweit der Kirche. So oft es ging, haben wir OMA dort besucht, regelmäßig am Sonntag, wenn sie nicht gerade für einige Tage bei uns oder einer ihrer beiden anderen Töchter zu Besuch gewesen ist. Dies ist so bis in ihr hohes Alter gegangen, dann ist OMA ganz zu uns gekommen, für ihre drei letzten Lebensjahre. Alleine konnte sie sich nicht mehr bevorstehen, was sie aber lange nicht wahrhaben wollte, sie stemmte sich regelrecht gegen diesen Gedanken. Nach dem dann endlich stattgefundenen Umzug in unser Haus wurde sie liebevoll von meiner Mutter gehegt und gepflegt. Ich war froh, dass OMA nun ganz um uns herum war. Sie hat meiner Mutter im Haushalt geholfen, wo es nur ging, meist hat sie aber gestrickt oder in der Bibel gelesen. Niemand wäre auf den Gedanken gekommen, OMA in ein Altersheim zu bringen. Auch in dieser Frage wurde damals nicht so entschieden, wie dies heute meist die Regel ist. Wie haben sich doch die Zeiten geändert! OMA hatte einen wirklich schönen Lebensabend.

Elf Tage vor ihrem neunzigsten Geburtstag ist OMA in meinen Armen gestorben, an einer Lungenentzündung, und sie hatte vorher nur für wenige Tage das Bett hüten müssen. Ganz friedlich ist sie eingeschlafen, die meisten ihr wichtigen Menschen sind dabei gewesen, und wir mussten wieder so kurz vor dem Weihnachtsfest den Verlust eines geliebten Menschen beklagen.

Vor ihrem letzten Atemzug war sie ganz nah bei mir. Es ging nochmals ein kurzes Zittern durch ihren Körper, welches sich auch auf mich übertragen hat. Als sie nicht mehr atmete, habe ich ihr die Augen geschlossen, ganz zärtlich. Zuerst haben wir geweint, dann aber noch lange Zeit ganz still an ihrem Bett gesessen.

»Ist der Boden gut bestellt,
kannst du scheiden aus der Welt«

Verwendete Literatur

PISA 2000, Zusammenfassung zentraler Befunde
Max-Planck-Institut für Bildungsforschung
Berlin 2001

Kinderreport Deutschland 2002
Deutsches Kinderhilfswerk e.V.
Berlin

Völsing, Albrecht
Wilhelm Conrad Röntgen
Carl Hanser Verlag, München

Jahrbuch Sucht 2003
Neuland-Verlagsgesellschaft mbH, Geesthacht

IMPULS Nr. 5/2002
Gesamtverband der Lehrer an beruflichen Schulen in Hessen
Hanau

Die öffentliche Verschwendung 2001, 2002
Bund der Steuerzahler
Wiesbaden

Sturm, Roland
Föderalismus in Deutschland
Leske + Budrich, Opladen

[Artikel 3: Recht auf Leben, Freiheit und Sicherheit]

Mit 7 versprochen.
Mit 15 verheiratet.
Und ein Leben lang unmündig.

Frauen haben in vielen Ländern keine Chance. Sie werden missbraucht, geschändet und sind ohne Mann auf Almosen angewiesen. „Brot für die Welt" unterstützt diese Frauen zusammen mit lokalen Bildungs- und Menschenrechts-Einrichtungen vor Ort.
Sie können helfen: www.brot-fuer-die-welt.de

Brot für die Welt
Postbank Köln 500 500 - 500